LE

PROCÈS DU PANTHÉON

GRÉGORI

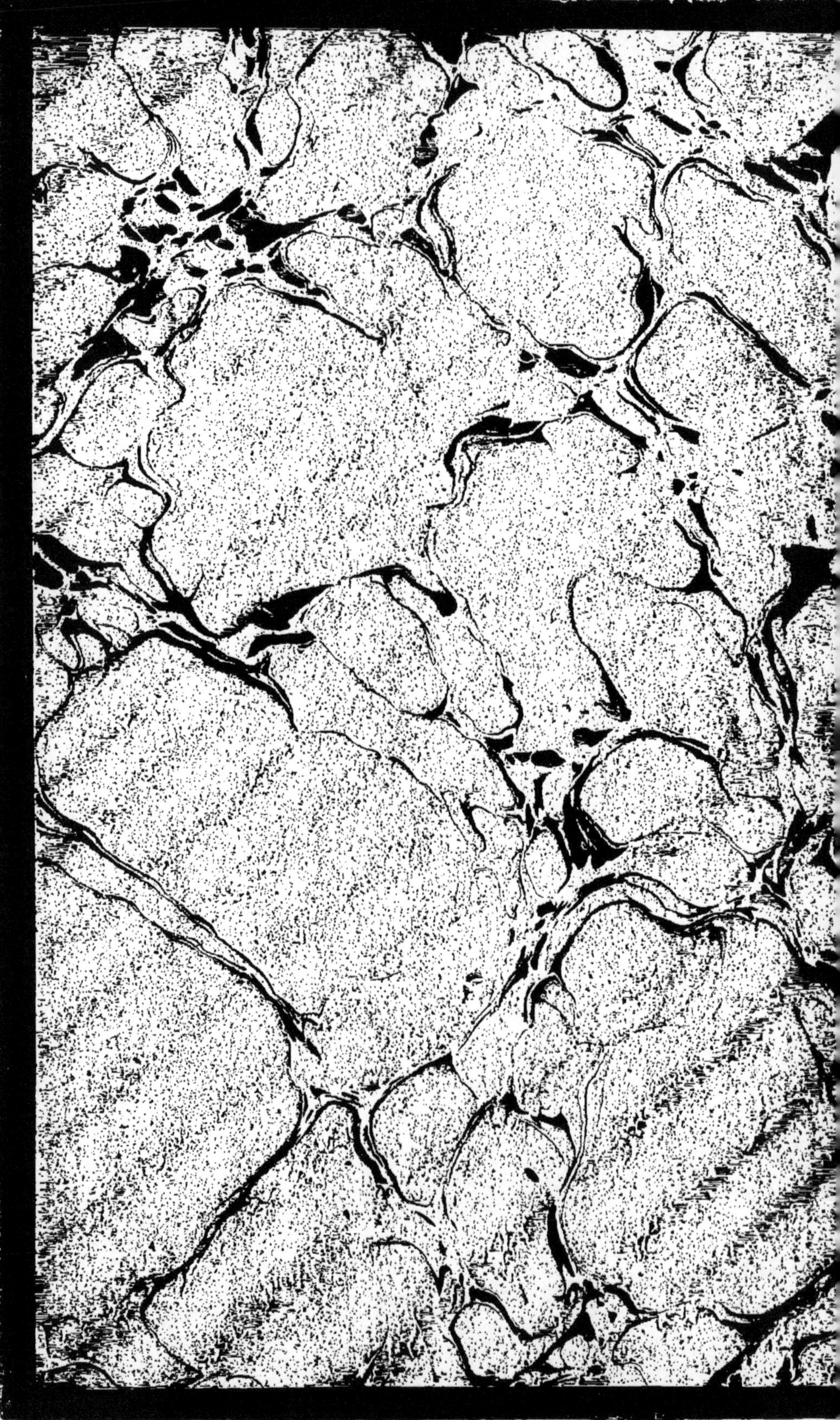

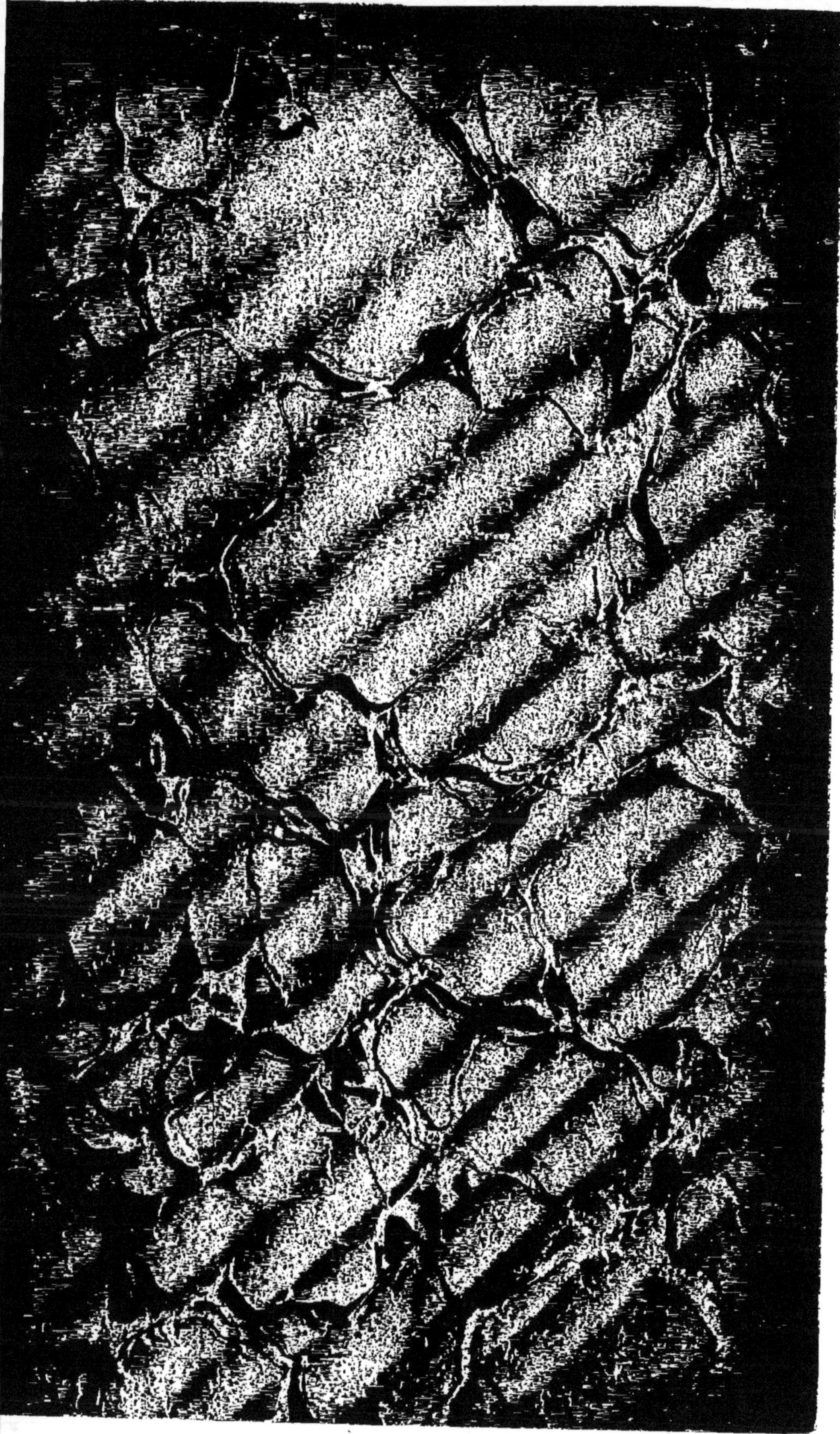

LE PROCÈS DU PANTHÉON

4 Juin — 10 et 11 Septembre 1908

Grégori, Dreyfus et Zola
DEVANT LE JURY

LA REVISION DE LA REVISION

PRÉFACE ET PORTRAIT DE GRÉGORI

Compte rendu sténographié et revisé des débats

AUX BUREAUX DE LA " LIBRE PAROLE "

14, BOULEVARD MONTMARTRE, 14

PARIS

LOUIS GRÉGORI

Aux millions de Français et Françaises, toutes et tous convaincus des impostures, trucs et crimes de l'Affaire Dreyfus et de la Revision ;

A mes chers souscripteurs, où l'élément féminin, si patriote et vibrant, figura pour large part,

Et à mon grand camarade Ed. Drumont, Je dédie ces lignes.

L. GRÉGORI

Arrêté le 6 Juin 1908 au Panthéon pour avoir tiré, non sur Dreyfus, mais sur le Dreyfusisme ; Acquitté le 11 Septembre suivant par le Jury de la Seine.

Sur 39 millions d'habitants que compte encore la France, il n'y a pas 500.000 croyants sincères en l'innocence de Dreyfus et partisans de sa réhabilitation, y compris les politiciens profiteurs de l'Affaire et exploiteurs de la Revision.

Ces 500.000, et même moins, font les lois, et la loi, aux 38 millions 500.000 restants.

A cette masse profonde de 38 millions et demi, les coups de revolver du Panthéon sonnèrent brusquement le tocsin. Toute la population endormie sauta dans la rue, se frottant les yeux, réveillée. Et elle attend ! Qu'est-ce qu'elle attend ? Des chefs et des ordres....

Par la campagne, les coups de fusil du chasseur font envoler les bandes d'oiseaux en claquements d'ailes effarouchées. De même semble-t-il que les coups de feu du 4 Juin aient fait repartir le vol d'événements qui ne s'arrêtent plus.

Dreyfus devant le Jury, les 10 et 11 Septembre dernier, — ce fut sa troisième condamnation, implicitement contenue dans mon acquittement : tout le monde l'a reconnu ; la lecture des débats, plus loin, le fera ressortir.

L'article 445, violé par l'arrêt de la Cour de cassation réhabilitant Dreyfus, c'est la protestation de Del Sarte au Palais même ; et à la Chambre, de Pierre Biétry qui encourt bravement l'expulsion.

L'affaire Steinheil, c'est la suite de l'affaire Dreyfus. L'évocation de la mort tragique du président Félix Faure, c'est la première Revision expliquée. Elle ne se serait jamais faite du vivant de Félix Faure qui avait VU la preuve formelle de la trahison. Mais un philtre lui versa la mort ; et la Revision fut faite.

Le Foyer, la pièce représentée à la Comédie Française, c'est le Dreyfusisme au théâtre, avec la société pourrie comme vision d'art.

Dans l'ordre militaire, le projet d'augmentation de notre artillerie, c'est le député coreligionnaire de Dreyfus, et meneur de la Revision, M. Joseph Reinach, qui vient à la tribune parler tactique et canons. Faisons un cran.

Dans l'ordre de la Légion d'honneur, — faisons une croix, — c'est le procureur général Baudouin qui doit être nommé grand-officier !

Au Quartier latin, la jeunesse des Ecoles ameutée, c'est le flot précurseur de la révolte nationale ;

Dans un drame parisien, encore, c'est le nom de Fallière ; dans la rue, c'est le geste de l'homme du peuple contre ce Président !

Le vent ne souffle pas encore en tempête, mais il souffle. La toiture tient à rien par moments. Qu'est-ce que pense le peuple qui est dessous ?

Le 3 Juin dernier, au Quartier latin, à l'arrivée des restes de Zola, camionnés au trot du cimetière Montmartre au Panthéon, je causais avec un gardien de la paix qui, tout en bourrant la jeunesse des Écoles ameutée, me glissait à l'oreille ;

— C'est pas possible, Monsieur, que la journée de demain se passe sans coups de revolver !

L'événement lui a donné raison.

Sublime et musculaire incarnation de l'incohérence du régime, ce gardien de la paix tapait sur ses convictions en tapant sur les étudiants qui criaient : A bas Zola ! Car, impossible de s'y méprendre ; en lui-même, et encore plus fort, il criait : A bas Zola, Dreyfus et le gouvernement !

Ainsi de presque tout le corps des gardiens de la paix ; ainsi de presque toute la force publique à Paris et des départements.

Les agents sont de braves gens — qui font leur service, mais qui pensent le contraire. Ils font un service d'ordre, — pour le désordre ; car à leur sens droit, en leur nature simpliste, c'est le désordre dont le parti trône aux affaires après avoir trôné dans l'Affaire !

Pourquoi cet état d'âme ? Parce qu'ils sont du populo. Le populo n'a pas bronché dans son bon sens au cours de tous les truquages de l'Affaire et de toutes ses malices cousues de grosses ficelles. L'instinct populaire, qui voit toujours clair et juste, est resté ferme comme roc contre la Revision et contre le Dreyfusisme. L'explosion de joie populaire à mon acquittement fut un signe.

Qui donnera le bon coup d'épaules dans la barraque lézardée et branlante, c'est toute la question pour le peuple.

Le lendemain, 4 Juin, au Panthéon, j'eus le spectacle qu'on n'a qu'une fois dans sa vie : le président de la République dite Française, les ministres, les sénateurs et députés, les corps constitués, la magistrature, les ambassades, les délégations d'officiers de tous grades des armées de terre et de mer, aux pieds du catafalque de Zola et autour de Dreyfus. Selon ma formule à la Cour d'assises, Dreyfus pouvait dire : « L'Etat, c'est moi ! »

Mais spectacle plus touchant ou plus frappant — pour moi — fut celui qui suivit, lorsque mis en pièces, la figure en sang, j'étais conduit à la sortie. Magistrats au type sémitique, toque sur la tête et d'une main experte relevant leurs robes, m'envoyaient des coups de pied et des injures. Des coups, je fus empêché presque de marcher quelque temps. Des injures, je fus satisfait — ainsi d'ailleurs que de toute cette vision d'un sabbat modern'style.

Car c'était infernal et superbe ! Quand toute cette magistrature d'aspect israélite me cognait, m'invectivait de « Misérable ! Bandit ! Assassin ! » cela faisait honneur à sa jugeotte. — Jugeotte, — de juge. Elle avait rêvé l'apothéose sous le dôme des gloires nationales. Elle mesurait la chute. Du coup, — ou de mes deux coups, — elle entrevoyait la débâcle, pour prendre le titre de Zola.

Le 10 Septembre 1908, à la Cour d'assises, de sa plus haute voix, l'huissier audiencier appelait mes témoins :

M. Georges CLEMENCEAU, ministre de l'Intérieur ! M. le général PICQUART, ministre de la Guerre ! M. le commandant TARGE ! M. DOUMERGUE, ministre de l'Instruction publique ! M. BAUDOUIN, procureur général ! M. le général ANDRÉ, ancien ministre de la Guerre ! M. Joseph REINACH, député !.....

C'était toute la Revision, grands chefs et comparses, que je voulais faire passer en revision par le Jury, c'est-à-dire par la justice de la Nation.

Le bruissement de la salle était tombé. Le grand

silence. D'une voix encore plus forte, l'huissier répétait son appel. Personne pour répondre à ces noms.

Cet appel dans le vide sonnait encore aux oreilles comme une trompette du jugement dernier. Non, pas le dernier ; le mien ; il était en partie rendu. Cette fuite des auteurs ou collaborateurs de l'Affaire, de ses profiteurs, cette débandade des chefs dreyfusistes du Gouvernement devant le Jury, c'était le premier gage de mon acquittement.

Ah! l'impressionnante minute, grosse sinon d'un siècle, du moins des quatorze ans qu'avait duré l'Affaire, escaladant tous les obstacles, gravissant tous. les sommets jusqu'au Panthéon ! Ces quatorze ans condensés en ces secondes fugitives d'un appel d'huissier.

Devant le jury, aucun de ces triomphateurs ou bénéficiaires de la Revision, de ses ministres, généraux, officiers et magistrats, ne venait revendiquer son œuvre, n'avait le courage de son opinion ; et la fierté donc du devoir accompli !

— Je suis dans les Basses-Alpes, écrivait leur commandant en chef, M. Joseph Reinach, au président des assises, et c'est bien loin pour faire le voyage, — (même avec le parcours gratuit des députés, et aussi l'indemnité de 15.000 francs).

Dreyfus était abandonné à lui-même ! Zola ne comptait plus.

Maintenant, à la barre des témoins.

L'homme mentait. L'homme, c'était vous, Alfred Dreyfus !

Ici faut-il redire la commisération que mon défenseur et moi nous ne vous avons certes pas refusée à l'audience pour vos sévères expiations? Victime de votre parti, de votre race, — après avoir été victime de vous-même, —

vous n'auriez demandé qu'à rentrer dans l'ombre après votre grâce.

Mais, comme l'a fortement écrit M. Etienne Lamy, dans le Correspondant, « obtenir la réhabilitation du Juif condamné était pour toute la race d'Israël une question d'honneur ». Et pour les secrètes ambitions de votre coreligionaire Reinach, — elles éclatent à cette heure, — c'était le to be or no to be : Etre ou ne pas être ! Ce n'est pas nous, ce sont les vôtres qui vous ont remis dans le train, pauvre Juif errant.....

Donc, le 10 Septembre dernier, les jurés parisiens vous voyaient, Dreyfus, vous entendaient ;

Comme je vous avais vu et entendu, voilà bientôt quatorze ans, et étudié, le 19 Décembre 1894, au Conseil de Guerre du Cherche-Midi, avant le prononcé du huis-clos.

Et, en vous voyant à l'état naturel, en vous écoutant, ils ont compris votre culpabilité ;

Comme je vous avais compris coupable en disant à vos coreligionnaires qui m'interrogeaient au sortir de cette confrontation du 19 décembre 1894, et après l'instantané psychologique que j'avais pris de vous : « Dreyfus? Un renard pris au piège. »

Est-ce que les jurés, s'ils avaient cru reconnaître en vous un innocent, auraient pu m'acquitter ?

Qu'avez-vous su dire, en effet, pour dissiper ce caractère de culpabilité que vous portez en vous, comme le saint Denis de la légende portait sa tête entre ses mains ?

Rien qu'un énorme et criant mensonge.

Vous savez bien qu'en prétendant, en votre déposition, vous être retourné pour me faire face après mon premier coup de feu au Panthéon, et n'avoir évité le danger de mort au second coup qu'en vous protégeant la poitrine de votre bras droit, vous avez grossièrement menti.

Vous savez bien que cette version s'est lamentablement effondrée sous le ridicule, dont s'est ensuite couvert l'avocaillon venant, après vous, refaire la pose suggérée du Ministère de l'Intérieur.

Vous savez bien que, dans le corps médical, on s'est quelque peu gaussé de votre coreligionnaire et sénateur, le professeur à la Faculté de Médecine Pozzi, dépeignant les flots de sang qui auraient remonté sur votre manchette, en l'air, comme un fleuve qui remonterait vers sa source !

Et alors est apparu, sous un jet de lumière, le Dreyfus dont un de ses anciens chefs aux bureaux de l'Etat-Major, le colonel Bertin-Mourot, disait en déposant devant la Cour de cassation le 20 Avril 1904 :

« Mais je l'ai vu tout le temps mentir.....

» Je suis sorti du Conseil de Guerre (à Rennes) très » frappé par l'attitude de l'accusé. Je me disais : Pour- » quoi ment-il ? »

L'analyse de l'historien sagace saura plus tard rattacher votre cas psychologique et votre impulsion de race au courant d'anti-sémitisme, marqué par la création de la Libre Parole en 1892 et par le duel malheureux du capitaine juif Mayer avec Morès. Au dedans de vous-même, vous avez ourdi les représailles.....

Mais, quels qu'aient été votre mobile et votre but, le Jury de la Seine a saisi toute votre Affaire dans le mensonge et la duplicité qui sortaient de votre accent étranger.

Et, en m'acquittant, moi qui venais de vous dire hautement, sans haine personnelle ni parti pris, mon opinion motivée de professionnel du journalisme militaire sur votre culpabilité, il vous a condamné, par voie de conséquence directe, une fois de plus.

« *La Cour de cassation a proclamé ma complète innocence !* » avez-vous crié. Vous n'avez pas crié : « *Je suis innocent !* »

« *Mon innocence, écrivez-vous ensuite aux journaux, a été irréfutablement démontrée par la plus haute juridiction du pays.* »

Mais non ! vous dis-je ! sans acharnement, et simplement parce que cette question là doit être posée : « *Votre innocence n'est même pas irréfutablement démontrée par la haute juridiction civile qui vous proclama non coupable après que la juridiction militaire vous avait deux fois proclamé coupable.* »

La Cour de cassation, tribunal suprême du Droit, s'est érigée pour vous en tribunal du Fait, adoptant en 1906 à votre profit une jurisprudence toute contraire à celle de la cassation avec renvoi qu'elle avait appliquée en 1899 ! Or, à l'examen impartial, son arrêt en Fait ne tient pas debout dans ses « attendus » qu'on peut serrer en trois points :

1° La Cour accepte la déposition de cet officier perdu de dettes et d'honneur, le commandant Estherazy, qui se déclare, à Londres, en votre lieu et place, non l'auteur, mais le copiste par ordre de la lettre surprise, le Bordereau.

Cette déposition..... lointaine, la Cour l'accepte les yeux fermés, sans avoir entendu ni vu le commandant Estherazy, sans l'avoir confronté avec des contradicteurs, tels que les généraux Mercier et Roget, tels que M. Henri Rochefort, sans avoir fait venir et comparaître devant elle ce témoin plus que ce suspect.

Pour n'importe quel Jury, n'importe qui de bonne foi, cette déclaration non contrôlée, non contradictoire et faite à distance, serait sujette à caution ou nulle.

2° La Cour, qui prend pour argent comptant les

déclarations au loin d'Estherazy, refuse de faire état des affirmations portées là, devant elle, par le commandant Le Brun-Renaud sur vos aveux du 5 Janvier 1895 avant votre dégradation, aveux confirmés par les témoignages concordants d'autres officiers présents à l'Ecole militaire, capitaine Anthoine, actuellement colonel du 1er d'artillerie à Dijon, commandant Guérin, actuellement général de brigade à Lyon.

Les Jurés parisiens, dans mon procès, ont pu voir devant eux le commandant Le Brun-Renaud en chair et en os ; ils l'ont entendu maintenir ses dépositions faites à Rennes, puis à la Cour de cassation, et reproduisant votre phrase : « Si j'ai livré des documents à l'Allemagne..... » Le verdict des jurés a signifié ce qu'ils en pensaient.

3° La Cour nie l'existence de toutes pièces secrètes. compromettant l'empereur d'Allemagne et livrant le nom de Dreyfus. Mais la crise de la nuit historique du 12 Décembre 1894, les dépositions à la Cour de cassation du colonel Stoffel et de M. Ferlet de Bourbonne, attestent qu'un ou plusieurs documents de ce genre ont existé, puis disparu.

C'est cette preuve formelle de votre trahison, — ou livraison de documents à l'Allemagne, — que le Président Félix Faure avait vue. Il en est mort.

La proclamation de votre innocence par l'arrêt de la Cour de cassation est donc essentiellement réfutable.

C'est pour cela que le procureur général Baudoin, véritable auteur de l'arrêt, doit être nommé grand-officier !

Et pour cela que les contribuables ont payé la note ! Frais de l'Affaire Dreyfus ; demande de crédits supplémentaires à la Chambre, 34.140 francs. — Retraite d'Alfred Dreyfus, Officiel du 8 Novembre 1907 : M. Al-

fred Dreyfus, chef d'escadron, 30 ans, 10 mois, 34 jours de SERVICES ! Pension avec jouissance du 25 Août 1907.

Votre énigmatique sourire, Dreyfus, a dû voltiger sur cette fleur : 30 ans, 10 mois, 34 jours de SERVICES. C'est beau : Services !

Que la lumière soit encore ! Et ce sera la lumière complète.

A votre tour, M. Joseph Reinach ! Vous la cheville ouvrière de la Revision, — vous en êtes-vous assez glorifié ! — vous, le fameux chef d'orchestre du grand concert dreyfusard, vous n'avez osé venir sur ma convocation à la barre des témoins. L'occasion était belle pourtant de justifier votre rôle devant la nation représentée par les jurés, de le magnifier même aux yeux de votre race et du monde !

Je ne vous aurais pas demandé combien de consciences ont été achetées, combien d'articles payés avec les millions du Syndicat juif sur budgets de publicité visés par vous. A peine vous aurais-je dit un mot du Panama, votre pouvoir occulte ; — ils sont là, dans vos tiroirs, les noms des 158 parlementaires corrompus par votre oncle le baron ! C'est de questions militaires, de vos aspirations militaires que je vous aurais parlé.

En Cour d'assises, je vous ai montré pétulant officier d'ordonnance, doré sur tranche, aux grandes manœuvres de 1891. Un nouveau Bonaparte perçait en vous.....

Ce n'était qu'un rêve, si l'un de vos coreligionnaires, autre officier d'artillerie, restait condamné pour trahison ; s'il vous entraînait, par solidarité de race, dans la réprobation à laquelle sont voués les types de Judas.

Alors, vous avez attaqué furieusement l'Etat-Major.

Alors, les journaux à votre solde, en France et à l'étranger, nous ont craché l'injure à la face. Alors vous avez invoqué contre nos chefs militaires le témoignage du précieux Conybeare en Angleterre ; ce pourquoi vous avez été mis en réforme après avoir passé devant un Conseil d'enquête.

Naturellement, depuis la Revision, votre chef-d'œuvre, vous avez été réintégré comme Dreyfus.

Et aujourd'hui, vous voilà vice-président de la Commission de l'armée. Est-ce assez ? Non ! Vous vous êtes institué grand-maître de l'artillerie française, l'arme de Dreyfus. Rapporteur du projet de réorganisation, vous avez rapporté des choses étonnantes ; je vous cite, le style, c'est l'homme ; « Des cieux sereins se sont trouvés tout » à coup envahis par l'orage..... C'est assurer plus soli- » dement la paix... que de fortifier notre artillerie, » puisque c'est épaissir la partie trop faible de notre » bouclier. » Cela fait deux boucliers, celui du canon de 75, et celui de notre démocratie. Je cite toujours votre rapport.

Est-ce assez ? Non ! Vous avez pu parler à la tribune française, c'est d'hier, sur ce problème de l'augmentation d'artillerie. Et il n'y a pas eu de poings français pour se tendre vers vous, l'auteur du chambardement dans l'armée !... Vous avez pris la mesure de l'oubli des politiciens ou parlementaires contemporains.

Est-ce encore assez ? Non ! Permettez-moi, M. Reinach, de vous passer aux Rayons X. Votre arrière-pensée intime, je vais vous la dire : c'est votre candidature que vous posez patiemment au portefeuille de la Guerre !

Reinach, le Reinach de l'Affaire, l'ancien officier de territoriale mis en réforme, ministre de la Guerre français ! Pourquoi donc pas ? Le Picquart, l'ancien lieu-

tenant-colonel mis en réforme, c'est bien, ministre de la Guerre. Alors, on en ferait le futur généralissime sous le futur ministre de la Guerre Reinach ?...

Voilà pourquoi vous n'avez reculé devant rien, — ah ! la ténacité comme la solidarité juives furent admirables, je le proclame plus haut que Drumont lui-même ; et quand les chrétiens en feront autant..... Vous n'avez reculé devant rien, pour déblayer votre route de cette grosse pierre d'achoppement, le précédent plutôt fâcheux de la trahison d'un officier juif comme vous !

Vous ne pouviez prévoir Ullmo.

Et la France a été chambardée, non pas seulement au dedans d'elle-même, mais au dehors, où vous l'avez fait couvrir de boue, pendant l'Affaire, par vos écrivains à gages et vos feuilles mercenaires.

Oui, mais à l'étranger, il y a quelque chose aussi de changé depuis mon acquittement. Voyez plus loin la lettre suggestive que vient de m'adresser en voyage, et d'Italie, le lieutenant-colonel du Paty de Clam : « Les débats de » votre procès, m'écrit-il, ont produit un effet énorme » à l'étranger. »

Là donc, on se frotte aussi les yeux. Demain l'on y verra clair. Demain va défaire partout votre œuvre d'hier.

De tableau en tableau ! De comédie en comédie !

Reinach, le Reinach de l'Affaire, l'invocateur en 1898 des foudres de l'anglais Conybeare contre les chefs de l'armée française, s'écriant hier à la tribune : « Une » armée puissante est la meilleure garantie de toute » NOTRE indépendance, de toute NOTRE liberté d'ac- » tion, de tous NOS droits. » (Vifs applaudissements.)

Et au Théâtre-Français, le Foyer, la pièce moins

forte toutefois que l'affaire Steinheil, dont les auteurs bien connus font la morale à la Société ! Qu'un rictus énorme distende les mâchoires dans un accès d'hilarité macabre !

Théâtre dreyfusiste, ai-je dit. — Non par boutade ! Rigoureusement, strictement. Les débats du procès d'il y a quelques mois entre M. Claretie et les auteurs du Foyer révélèrent ce détail attendrissant :

C'était aux audiences du Conseil de guerre à Rennes ; de belles madames pleuraient ; elles pleuraient sur le pauvre capitaine persécuté. L'échange de leurs larmes fut l'échange des premiers serments pour la réception d'une pièce à la Comédie-Française. Les journaux ont publié les noms et la lettre de Mme Mirbeau à Mme Claretie.

Allons ! Mesdames, et vous, les auteurs en collaboration, relisez ensemble ces pages, sinon immortelles, du moins magistrales ; L'Invasion, et le Théâtre Juif, d'Octave Mirbeau, dans son pamphlet Les Grimaces !

~~~~~~~~

A vous enfin, derniers naïfs de France, et, j'ai dit le mot aux assises, généreuses « poires » dans l'Affaire, qui gardez encore quelques illusions sur la vérité, la justice et la lumière de la Revision, — à vous s'adresse la confession purement belle et d'envolée pathétique d'un des meilleurs du journalisme contemporain, — un de mes jeunes camarades d'Université, Gustave Téry. Sa lettre remise au cours du procès à Me Menard, mon éloquent défenseur, qui l'a lue dans son émouvante plaidoirie, pourrait s'intituler : Repentir et regrets d'un Dreyfusard sincère ! Et il n'est pas le seul.

Les intellectuels redeviennent intelligents. C'est la crise finale du Dreyfusisme. S'il a pour lui le gouvernement, il a contre lui l'intelligence nationale. S'il a
~~~~~~~~

pour lui la majorité du Parlement, où M. Reinach peut paraître à la tribune, il a contre lui la majorité du pays.

Le pays, ce sont les âmes ! C'est la pensée de ceux qui pensent, la réflexion de ceux qui réfléchissent, la sensation de ceux qui sentent, l'instinct de solidarité qui relie les êtres de même race ; — c'est le cœur des femmes où luit toujours la flamme héroïque qui fit les Jeanne d'Arc et les Charlotte Corday ; — ce sont les élans généreux de la jeunesse, — dont je fus, — où palpite le tempérament ancestral non encore déformé, non encore nivelé par le rouleau des nécessités ou des lâchetés sociales.

Jeunesse dont les flots poussés comme le rythme des vagues viennent battre les murs en brèche de la justice, ou les chaires branlantes d'enseignements violateurs de toutes traditions et de toute fierté nationale !

Salut à la jeunesse ! Salut à la race qui se ressaisit, et dont le Jury de la Seine dans mon procès fut le fidèle, courageux et fier interprète, comme il l'avait été dix ans auparavant au procès Zola ! Salut à l'âme nationale qui se retrouve ! Et salut au bon Populo, criant sa joie patriotique à la Cour d'assises, après le verdict du 11 Septembre 1908 !

Les peuples ont le gouvernement qu'ils méritent. Le peuple de France, dont le cœur a battu dans celui de la population parisienne, éclatant en ovations chaleureuses à mon acquittement, ce généreux peuple de France mérite un autre gouvernement que celui du Dreyfusisme. Il n'a qu'à le vouloir.

Paris, Décembre 1908.

Louis GRÉGORI.

Parmi les milliers de cartes et lettres de félicitations adressés à Grégori de France, d'Algérie, des colonies, et des Français à l'Étranger, celles d'Alsace-Lorraine restent précieuses et expressives entre toutes. La carte illustrée que voici de Noisseville porte en elle-même le plus beau des commentaires :

FAC-SIMILÉ D'UNE CARTE POSTALE

Envoyée de Noisseville, près Metz, à Grégori, le 4 Octobre

Jour de l'inauguration du monument commemoratif des batailles de 1870

Monument français de Noisseville (Groupe principal)
La France recevant dans ses bras un soldat qui tombe en défendant le drapeau.

Französisches Kriegerdenkmal bei Noisseville (Hauptgruppe)
Frankreich, den bei der Fahnenverteidigung fallenden Soldaten in Ihren Armen aufnehmend.

Au dos :   (*Timbres de la Poste allemande*)

4 Octobre

« *En ce jour du Souvenir français, une Messine ne saurait oublier l'acte généreux de M. Grégori dont le nom restera fidèlement gravé dans nos cœurs et passera célèbre à la postérité.* »

---

(1) Voir le « Courrier de Grégori », *Libre Parole* du 27 Septembre dernier.

Lettre de Gustave Téry

ADRESSÉE A Mr MENARD

et lue à l'audience de la Cour d'Assises du 11 Septembre 1908

3, rue de Douai.

Monsieur,

La question sera posée. S'il est vrai que la Cour de Cassation a falsifié un article du Code, ce faux n'est pas plus respectable que le faux Henry. J'en parle en homme qui fut un « Dreyfusard » de la première heure — et qui le regrette profondément.

Vous m'entendez : certes, je ne regretterais point d'avoir perdu le meilleur de ma jeunesse à défendre la cause de cet Alfred Dreyfus, si sa cause avait été vraiment, comme on réussit naguère à nous le faire accroire, celle du droit et de la vérité. Mais ce n'était là que la plus criminelle des impostures. Les véritables faussaires furent les hommes qui, nous annonçant une ère de justice et de liberté et nous leurrant de ces magnifiques espérances, ne nous ont donné que le Parlement des Quinze-Mille et cet abject régime d'arbitraire, de mensonge, de favoritisme et de fraude qu'on ose encore appeler la République.

Je suis sûr d'exprimer ici le sentiment des hommes de ma génération, dupes et victimes de la même erreur, qui assistent aujourd'hui, frémissants de colère et de honte, à la faillite de leur idéal. N'avons-nous tant donné de nous-mêmes que pour garnir de foin le râtelier de Lanes ?

GUSTAVE TÉRY.

11-9-08.

A ÉDOUARD DRUMONT

POUR LA

SOUSCRIPTION EN MON HONNEUR

Paris, 5 Octobre 1908.

Mon cher camarade,

« Ces souscriptions, écrivez-vous, d'anciens officiers, de gentilshommes, de commerçants, d'ouvriers et d'ouvrières, de bons Français... ont dû être une joie et une récompense pour Grégori. »

Oui, certes, une joie et une récompense qui paient de toutes les peines.

Mais ma première joie, ma première récompense — nos souscripteurs ne m'en voudront pas de le proclamer — c'est à vous que je les ai dues.

A vous qui, dès la première minute, avez compris et fait comprendre mon geste.

A vous qui, camarade du lycée, êtes immédiatement accouru comme camarade du combat sur le terrain où, tout seul, j'avais engagé l'action.

A vous, paladin sorti des rangs de la démocratie, dont l'expérience de la vie et les mécomptes de la lutte sans trève n'ont pas affaibli l'esprit de dévouement pour toutes les causes viriles, et de solidarité surtout vis-à-vis d'anciens comme vous qui reprennent le flambeau d'énergie pour le transmettre aux générations suivantes !

Des anciens comme vous ? Que parlez-vous de nos âges ? L'énergie n'a pas d'âge ; la volonté n'a pas d'âge ; la conscience n'a pas d'âge. Et à vous, plus encore qu'à moi pourrait s'ap-

pliquer le pronostic de poète que m'écrivait jadis Victor Hugo :
« Vous serez un jour un vieillard, vous ne serez jamais un vieux ! »

Les plus que centenaires cathédrales, mon cher Drumont, ont l'éternelle jeunesse...

Ah ! notre jeunesse, à vous et à moi ! Comment nous apparaît-elle dans le tournoiement tragique des événements contemporains ?

De notre vieux lycée Charlemagne, à La Libre Parole, et de La Libre Parole au Panthéon, quelle divination aurait pu parcourir à l'avance ces deux étapes d'histoire au bout desquelles nous nous retrouvons ? Et plus près même l'un de l'autre, que nous ne l'étions sur les bancs en gradins de la rhétorique d'où nous écoutions la bonne parole d'élégance élevée d'un maître disert, tel que M. Gaston Boissier, ou la science robuste des « développements » du père Lemaire. « Père », le joli mot familier des élèves vis à vis des maîtres !

La France impériale était alors l'arbitre de l'Europe, et il n'y avait pas de question juive ou d'Affaire, — parce qu'il y avait un gouvernement fort. Cela dit par simple acquis de conscience. Nous, les Jeunes, nous étions plus ou moins de l'Opposition.

Et nous en sommes encore, de l'Opposition, nous, les Anciens, non plus par entraînement de jeunesse, mais par mentalité d'hommes mûrs, et parce que dans notre pensée la France sera ou ne sera pas, la nationalité française sera ou ne sera pas, — suivant que le régime actuel sera ou ne sera pas.

C'est la beauté de la souscription que vous avez ouverte en mon honneur, mon cher Drumont, c'est sa beauté de signifier qu'elle salue votre initiative et la mienne, pour libérer le pays d'une basse tyrannie qui nous déprime, nous divise et nous ravale.

L'éventuelle gravité des complications extérieures n'exige-t-elle pas que nous puissions marcher unis, confiants et la tête haute ?

Voilà ce que me disent, entre les lignes, ces souscriptions qui font de chaque liste publiée par La Libre Parole une lecture si suggestive.

Petites ou fortes, centimes ou francs, elles apportent le salut d'autant d'âmes françaises aux deux camarades du bon combat, Edouard Drumont et Louis Grégori.

Partageons-en la fierté, mon cher ami. Pour ma part, j'entends l'appel suprême qu'elles contiennent : En avant ! et encore en avant !

Ce n'est donc pas seulement de leur mouvement généreux que je crois devoir remercier vos souscripteurs, c'est aussi de la confiance qu'ils mettent implicitement en moi comme en vous.

Aller jusqu'au bout de la tâche commencée tel est le devoir dont l'indication se dégage de ces manifestations les plus variées. Je saurai le comprendre, et je crois qu'il n'y aura pas de meilleur témoignage de ma reconnaissance à toutes et tous pour leurs offrandes où se réflètent leurs espérances.

Que toutes et tous, femmes de France et concitoyens qui m'honorent de leurs encouragements en cette forme tangible, sachent bien ma résolution d'y répondre en poursuivant la lutte.

Que toutes et tous sachent mon soin attentif à noter les mentions qui font le succès des listes de souscriptions de La Libre Parole.

Souscriptions qui proviennent de la Patrie française ou de l'armée, de prolétaires ou de députés nationalistes, d'ouvrières ou de grandes dames, ce sont autant de présages d'union et d'élan pour la bataille finale à livrer.

Ce sont autant de gages du mouvement de fond qui renversera le gouvernement de Dreyfus et permettra de le remplacer par un pouvoir enfin digne de la France, digne de son passé, digne des véritables aspirations nationales !

LOUIS GRÉGORI.

UNE LETTRE DE
M. le Lt-Colonel du Paty de Clam
A L. GRÉGORI

Le lieutenant-colonel du Paty de Clam, en voyage à l'Étranger, a envoyé d'Italie la lettre suivante à M. Grégori :

Rome, 3 Décembre 1908.

Monsieur,

J'ai reçu ici les épreuves de ma déposition et je les ai retournées, après correction.

Je suis heureux de cette circonstance qui me permet de vous adresser mes félicitations pour l'attitude courageuse que vous avez eue dans des circonstances si difficiles et pour l'énergie, l'habileté et la présence d'esprit dont vous avez fait preuve.

Les débats de votre procès ont produit un effet énorme à l'Étranger, *malgré les efforts désespérés qu'ennemis et faux amis ont tentés pour les étouffer. Le germe d'une revision sérieuse de l'Affaire Dreyfus existe dans ces débats ; ce germe pourra éclore quand les gens clairvoyants auront compris pourquoi les diversions bruyantes ou sournoises se produisent toujours de la même façon quand l'heure des explications décisives paraît sonner.*

Comme vous l'avez fort bien écrit, c'est vous et nul autre qui avez risqué votre vie et votre liberté, c'est vous et nul autre qui pendant deux longues séances avez, avec Me Menard, tenu tête à toutes les forces coalisées pour empêcher la vérité de se faire jour, c'est vous et nul autre que le Jury de la Seine a acquitté. La question qui demeure est celle-ci : pour quelles raisons a-t-on voulu faire commencer l'Affaire Dreyfus au bordereau survenu « entre temps » ? Pourquoi se refuse-t-on

énergiquement à laisser parler du « premier temps » pendant
lequel se sont passés les événements décisifs ?

La falsification de la dépêche Panizzardi, dont je me pro-
posais de parler à votre procès, est un effet, ce n'est pas une
cause.

La violation de l'article 445. c'est un effet, ce n'est pas une
cause.

Parlons des effets et de leurs conséquences, soit. Mais
n'oublions pas, ne laissons pas oublier, ne cherchons pas à
faire oublier les causes.

L'Affaire Dreyfus ne remonte pas à 1898. Elle remonte à
ma connaissance à 1893, et c'est entre 1893 et octobre 1894 que
les intéressés ne veulent pas qu'on aille regarder. Tôt ou tard,
il faudra qu'on y regarde, soyez-en sûr, et votre acte qu'on
voudrait étouffer prendra toute son importance.

Pour l'instant, laissons les braves gens leurrés se convaincre
par eux-mêmes qu'on leur suggère une tactique d'avortement.
Ne laissons pas oublier votre procès, revenons-y souvent,
distillons-en les débats. C'est une parallèle ouverte devant la
position et qu'il faut organiser solidement en vue des chemine-
ments ultérieurs.

Veuillez croire, Monsieur, à l'expression de mes sentiments
particulièrement distingués.

Lieutenant-colonel DU PATY DE CLAM.

TÉMOINS CITÉS AU PROCÈS

Voici la liste des témoins cités par M. Grégori :

1 M. Georges CLEMENCEAU, ministre de l'Intérieur ;

2 M. LE GÉNÉRAL PICQUART, ministre de la Guerre ;

3 M. LE COMMANDANT TARGE ;

4 M. DOUMERGUE, ministre de l'Instruction publique ;

5 M. BAUDOUIN, procureur général à la Cour de cassation ;

6 M. LE GÉNÉRAL ANDRÉ ;

7 M. Maurice BERTEAUX, député, ancien ministre ;

8 M. le général BRUN, chef d'État-Major général ;

9 M. le général DALSTEIN, gouverneur militaire de Paris ;

10 M. le colonel CHEVALIER, directeur du Matériel du Génie au Ministère de la Guerre ;

11 M. JOSEPH REINACH, député ;

12 M. Albert CLEMENCEAU, avocat ;

13 M. Maurice DE MONTEBELLO ;

14 M. le lieutenant-colonel DU PATY DE CLAM ;

15 M. le commandant CUIGNET ;

16 M. Edouard LECOCQ, publiciste ;

17 M. Pierre BIÉTRY, député ;

18 M. le commandant LE BRUN-RENAUD ;

19 M. E. MASSARD, président du Syndicat de la Presse militaire parisienne ;

20 M. Henri ROCHEFORT ;

21 M. FERLET DE BOURBONNE ;

22 M. Georges DROUILLY, rédacteur au *Gaulois* ;

23 M. Pierre MORTIER, homme de lettres ;

24 M. ROUSSELLE, propriétaire à Pontoise ;

25 M. DELACHERIE, publiciste financier à Lille ;

26 M. ABENIACAR, journaliste-photographe ;

27 M. JOURICH, armurier.

Voici, d'autre part, la liste des vingt témoins cités à la requête de l'accusation :

1 M. Alfred DREYFUS ;

2 M. Mathieu DREYFUS, manufacturier ;

3 M. Henry BAUER, homme de lettres ;

4 M. LEBLOND, homme de lettres, secrétaire particulier de M. Clemenceau ;

5 M. HANNEUSE, baron de Castelberge. directeur de l'*Informateur de la Presse*, à Paris et Bruxelles ;

6 Mme GÉO DE PEYREBRUNE, littérateur ;

7 M. DE BOUTELIER, homme de lettres ;

8 M. DELESSEMENT, huissier à la Chambre des Députés ;

9 M. Antoine GUICHARD, receveur des postes ;

10 M. MOUQUIN, directeur général des recherches, à la Préfecture de Police ;

11 M. BERTOL-GRÉVILLE, journaliste ;

12 M. Georges TOUDOUZE, homme de lettres ;

13 M. SMOL YZANSKI, étudiant en médecine ;

14 M. DESMOULIN, artiste graveur ;

15 M. Amédée CARRÉ, armurier ;

16 M. Paul RIGAULT, notaire ;

17 M. POZZI, professeur à la Faculté de Médecine ;

18 M. le docteur BALTHAZARD, médecin expert ;

19 M. GASTINNE-RENETTE, expert armurier ;

20 M. Elie STEIN, avocat.

LE 4 JUIN, PLACE DU PANTHÉON

Pendant qu'on le mène à la Mairie du Panthéon, L. Grégori, tenu ou précédé par des agents de la Sûreté (en chapeaux de paille) explique, en levant la main, ce qu'il a fait à M. Mouquin, directeur des recherches, à sa gauche. Plus loin, (au bord à droite de la gravure), en chapeau haut de forme, M. Hennion, directeur de la Sûreté générale.

A la Cour d'Assises

PREMIÈRE JOURNÉE

Jeudi 10 Septembre 1908

« Une salle envahie bien avant l'heure des débats, dit le compte rendu des grands journaux parisiens. A tel point que les témoins ne sauront où se mettre. » C'est l'enceinte des places assises ou réservée. « Beaucoup se retrouvent qui, à cette même date, jour pour jour, il y a neuf ans, revenaient de Rennes. C'est un anniversaire. »

Nombre de toilettes féminines. Les amis de Zola, les partisans de Dreyfus sont venus des premiers. Les amis de Grégori, sa famille, sœur, fille et nièce, voisinent sans embarras avec les précédents. Le beau temps de la saison fait passer une brillante lumière par les hautes fenêtres entre-ouvertes.

Sur les bancs des témoins, on regarde beaucoup Alfred et Mathieu Dreyfus, le commandant Le Brun-Renaud, le colonel du Paty de Clam, MM. Henri Rochefort, Maurice Berteaux, Pierre Biétry, Ferlet de Bourbonne, etc.

Pour le public debout, pour le *populo* d'une inlassable patience à faire queue malgré les rigueurs de consigne et la sévérité d'un service d'ordre exceptionnel, les portes s'ouvrent à midi. La place est remplie en un clin d'œil. Pas de doute, à regarder tous ces braves gens et ces gens braves : ils sont venus pour voir et pour applaudir, sinon de leurs mains, au moins de leurs cœurs, l'auteur de l'acte du Panthéon. Le Dreyfusisme n'a mordu en rien sur l'instinct populaire, sur le bon sens de la masse. L'attitude et même les manifestations de ce « gros public » le prouveront tout au long des débats.

A midi, la Cour entre en séance. Elle est présidée par M. le conseiller Ch. de Valles, qu'on sait avoir été substitut à Belley, ville natale de l'accusé Grégori : coïncidence du destin ! M. l'avocat général Lescouvé occupe le siège du ministère public. Au banc de la défense est assis Mᵉ Joseph Ménard, vice-président du Conseil municipal de Paris, assisté de ses secrétaires, Mᵉˢ Faye et Couprie.

Lorsque l'accusé Grégori se présente, escorté de trois gardes municipaux, un murmure de sensation parcourt l'auditoire. Tout le monde se lève. L'auteur et inculpé de l'acte du Panthéon produit du reste une très heureuse impression avec son air calme. C'est un homme de taillemo yenne, les cheveux commencent à grisonner. Il est vêtu d'une jaquette foncée, un crêpe au bras, en deuil de sa mère, morte à la fin de l'an dernier.

« Il promène sur l'assemblée, disent encore les comptes rendus de journaux, la lueur perçante d'un regard très vif ; souvent accoudé sur la balustrade, soutenant sa tête dans sa main, avec une attention toujours également soutenue. »

L'AUDIENCE

Dès l'ouverture de l'audience, le président déclare qu'à la pre mière manifestation du public, il fera évacuer la salle.

Vu la longueur présumée des débats, sur réquisition du ministère public, la Cour ordonne la présence d'un troisième assesseur et dit que deux jurés supplémentaires seront tirés au sort.

Le tirage au sort a été laborieux.

Le ministère public et la défense ont épuisé leurs droits de récusation. Enfin le jury est constitué, il se compose de : MM. Bourguignon, Faugère, Mathé, Landry, Aptel, Richou, Moreau, Barrot, Ebely, Bohain, Letrap, Detroussel. Les supplémentaires sont : MM. Warion et Jon.

Toutes les positions sociales, toutes les professions, ou à peu près, y sont représentées : rentier, architecte, ingénieur civil, propriétaires, fondeur, entrepreneurs de fumisterie et de maçonnerie, fabricant de chaussures, restaurateur.

Après l'interrogatoire préliminaire de l'accusé, qui déclare s'appeler Louis-Anthelme-Vincent Grégori, journaliste, né à Belley (Ain), domicilié à Parmain (Seine-et-Oise), et la lecture de l'acte d'accusation, on procède à l'appel des témoins.

Plusieurs, — y compris les membres du Gouvernement cités, MM. Clemenceau, général Picquart, Doumergue et M. Joseph Reinach, député — ne se présentent pas. Quelques-uns se sont fait excuser, parmi lesquels M. Henri Bauer, inspecteur des monuments historiques.

M⁽ᵉ⁾ MENARD. — Les Monuments Historiques sont des choses d'art qui doivent durer longtemps ; il me semble que M. Bauer pouvait les inspecter demain ou après. Il n'y a aucune raison pour que M. Bauer, se faisant juge des intérêts de la défense et de ceux de l'accusation, invoque des raisons aussi puériles que celle-là.

D. — M. Bauer, dans sa lettre que nous lirons tout à l'heure, si vous le voulez, explique qu'il a été confronté avec M. Grégori chez le juge d'instruction et qu'il maintient tout ce qu'il a dit.

Si j'ai bonne mémoire, cette confrontation, qui n'a rien eu de défavorable pour vous, M. Grégori, fait allusion à des rapports de camaraderie de presse.

Le président prévient l'accusé qu'il met son pouvoir discrétion-naire à l'entière disposition de la défense. Il entendra toutes les personnes que désirera M. Grégori, même celles qui ne seraient pas citées régulièrement.

UNE PROTESTATION DE Mᵉ J. MENARD

Mᵉ Joseph Menard proteste à nouveau contre l'absence des témoins que rien n'autorisait à se faire juges de la question de savoir si leur présence était utile ou non.

« Un jour, l'avocat qui vous parle avait fait citer le président du Sénat, élevé, depuis, à la plus haute magistrature de la République. Le président du Sénat se présentait à cette barre et disait : « Je suis citoyen comme les autres, je réponds aux réquisitions qui me sont adressées, j'obéis à la loi. » Et à quelques années de là, devant le Conseil de guerre de Rennes, un ancien président de la Répu-blique, M. Casimir-Perier, qui avait noblement abandonné ses fonctions, comparaissait à son tour à la barre de la justice et disait : « Je suis un simple citoyen comme les autres, je n'ai pas à me faire juge des raisons pour lesquelles on m'a appelé, mais j'ai été appelé, je suis venu. » Dans ces conditions, il m'est bien permis de regretter que d'autres n'aient pas suivi ces exemples illustres. Il m'est permis de m'étonner de ne pas voir M. Georges Clemenceau que j'ai trouvé ici dans d'autres circonstances où il y était moins appelé puisqu'il se transformait en avocat ; il m'est permis de m'étonner de ne pas voir ici le général Picquart, dont les paroles mériteraient d'être recueillies ; il m'est permis de protester contre l'absence du commandant Targe, qui n'a aucune excuse valable ; il m'est permis de protester contre l'absence de tous ces témoins qui fuient le débat. Je pourrais demander à la Cour d'exiger qu'ils viennent ici et je rappellerais des exemples mémorables dans des débats qui ont précédé ceux-ci et où le président ordonnait que des témoins qui n'étaient pas venus seraient contraints à venir. Il ne me plaît pas de les y contraindre, mais il me plaît de les flétrir. »

L'INTERROGATOIRE

L. Grégori au banc des accusés.

L'INTERROGATOIRE

Le président procède à l'interrogatoire de Grégori et commence par exposer ses antécédents.

« Vous êtes, dit-il, un homme de soixante-six ans, qui n'a jamais été condamné. Vous êtes un ancien élève de l'École Normale. De tout temps, en France, on a eu le goût des lettres, l'amour et l'admiration de ceux qui s'y adonnent. Votre entrée à l'École Normale indique votre niveau intellectuel, si ce mot ne vous déplaît pas. Il y a évidemment une sélection qui se fait dans la jeunesse et qui indique comme gens d'élite ceux qui parviennent à ce poste si désiré, si souhaité dans le monde des écoles : l'École Normale supérieure. Vous en avez gardé, M. Grégori, le souvenir pieux et dans un cahier de notes dont nous parlerons peut-être beaucoup, qui est bien instructif, une des choses qui m'a frappé, c'est le souvenir rayonnant de votre jeunesse, et rien que le voisinage de la rue d'Ulm évoque chez vous des souvenirs d'adolescence très brillants.

C'est bien cela, n'est-ce pas ? j'ai bien deviné votre sentiment, ou, plutôt, j'ai bien lu, car ce sentiment est exprimé en toutes lettres. »

R. — Oui.

D. — Malheureusement, vous n'avez pas toujours été fidèle aux Muses, et les lettres n'ont pas pris tout votre temps.

R. — C'est exact.

D. — L'École Normale supérieure, qui réunit l'élite des jeunes littérateurs, les envoie, suivant les hasards

Après avoir été professeur au Lycée de Tournon (Ardèche). B. Grégori, rédacteur en chef de La Sarthe, Le Mans, 1869.

du temps et de la vie, un peu de tous les côtés ; beaucoup s'en vont à la politique, d'autres cherchent leur voie soit dans l'enseignement proprement dit, soit dans le culte des lettres uniquement ; quelques autres s'en vont aux affaires. Il semble, si je veux donner une note exacte, que vous avez partagé votre vie entre les affaires et le journalisme.

R. — C'est assez exact.

Le président, après avoir indiqué que l'accusé était syndic de la presse militaire, parle incidemment des affaires financières auxquelles M. Grégori a été mêlé :

R. — Ne devant rien qu'à moi-même, j'ai rédigé par intervalles la partie financière des premiers journaux parisiens. A ce titre, si j'ai fait en affaires des rencontres heureuses des financiers professionnels, j'en ai fait de malheureuses pour les autres, et encore plus pour moi-même. Je l'ai payé cher, et je le regrette encore.

D. — Voulez-vous expliquer ce que vous entendez par ces rencontres malheureuses ?

R. — Tel banquier avec lequel j'étais en rapports ne m'a occasionné que des pertes et de graves ennuis. Mais dans l'affaire où j'ai eu le tort de le mêler, j'ai gagné tous mes procès jusqu'en Cour d'appel, dont l'arrêt rendu en ma faveur constitue un véritable monument de jurisprudence financière.....

D. — Ah ! ce que vous dites ne saurait déplaire à ceux qui croient la justice équitable. Vous pourrez vous expliquer sur ce point dans votre défense tant que vous le désirerez.

R. — La campagne d'affaires, dont s'agit, faite en marge de mon métier journalistique, était des plus intéressantes par le but a atteindre. Voilà ce que je répondrai simplement pour le moment, étant prêt à entrer dans les détails qui pourraient convenir à M. le Président.

D. — Cela me paraît inutile pour le moment. Seulement j'entends que votre défense soit entièrement libre à cet égard. Passons au fait important.

Le président annonce qu'il posera au jury les questions suivantes : Grégori est-il coupable d'une tentative de meurtre ? — Cette tentative de meurtre a-t-elle été commise avec préméditation ?

La scène à l'intérieur du Panthéon

Le 4 juin, vous entrez au Panthéon, vers onze heures du matin. Vous vous étiez procuré une carte de presse pour assister à la cérémonie de la translation des cendres de Zola. Vous aviez obtenu cette carte du ministère de l'intérieur ; c'était une carte de couleur rose.

R. — C'est un très mince détail ; je n'ai pas eu de carte de presse, mais une carte de promenoir, pour ainsi dire, qui m'a été délivrée par un des nombreux amis que j'ai même dans les ministères ; et, à ce moment, M. Georges Clemenceau, avec ses deux jolis chiens, est passé et a pu voir que j'étais nanti d'une carte rose.

D. — Cela peut avoir, en effet, son importance. C'était une carte de promenoir, selon votre expression humoristique, c'est-à-dire vous permettant de circuler, mais non d'avoir une place assise. Vous entrez par la rue d'Ulm, et j'ai dit tout à l'heure qu'au moment de ce qui allait être un grand événement dans votre vie, votre pensée s'était reportée aux souvenirs d'enfance et de jeunesse. La veille, quand vous pensez au Panthéon, le voisinage de la rue d'Ulm vous revient à l'esprit.

R. — Cela se touche.

D. — Je suis bien certain que le 4 juin au matin vous avez encore pensé à l'école d'antan, votre carnet le montre, que vous êtes l'homme des souvenirs. Vous êtes entré par la porte de la rue d'Ulm et vous vous êtes dirigé du côté de la presse, quand vous avez rencontré M. Bertol-Graivil.

R. — J'ai causé avec lui ; c'est un camarade du journalisme que je connais depuis vingt ans.

D. — Vous vous êtes adressé à lui, il avait un rôle dans l'organisation, il représentait une délégation quelconque.

R. — Il représentait, si je ne me trompe, une délégation de la presse républicaine, il circulait, comme moi-même, en raison de la carte que nous possédions.

D. — Vous avez parlé avec lui de choses indifférentes et, immédiatement, vous lui avez dit : « Où est donc Dreyfus ? »

R. — Ce n'est pas tout à fait cette intonation.

D. — Dites-la vous-même, je ne l'ai pas entendue.

R. — J'ai dit très simplement : « Est-ce que Dreyfus est là ? » — Oui, il est là ; et il m'a indiqué l'endroit.

D. — Je crois qu'il vous a dit, en montrant la banquette : « Il est là, pas loin de Mme Zola. » Son geste indiquait la banquette où se trouvait la famille Zola et le commandant Dreyfus. Pendant ce temps, on exécutait les morceaux de musique. Puis, tout à coup, vous êtes revenu près de M. Bertol-Graivil et vous lui avez dit : « Je ne le vois pas, où donc est-il ? » Alors, M. Bertol, par camaraderie toute simple, a fait quelques pas avec vous en contournant l'enceinte réservée ; M. le Ministre de l'Instruction publique allait prendre la parole. Vous êtes passés sur les bas-côtés. M. Bertol-Graivil vous a conduit à un endroit assez proche de la tribune en disant : « Mais sur cette banquette, le voici. » C'est bien cela ?

R. — A peu près. Je m'étais promené, il faut bien employer ce mot, comme les autres porteurs de cartes de même couleur. J'avais la volonté bien arrêtée de ne pas laisser passer cette cérémonie qui, à mon point de vue, constituait un scandale, — je m'en expliquerai tout à l'heure, — sans faire un geste; mais je me dis : Il y a des précautions trop savamment prises, des barrières trop hautes, un déploiement de gardes trop considérable pour pouvoir exécuter quoi que ce soit. C'est dans ces conditions que je suis revenu à la porte de la rue d'Ulm, et que je me suis trouvé face à face avec mes deux confrères, M. Pierre Mortier, que vous entendrez, et M. Abeniacar, qui se trouvaient là, mais qui ne pouvaient entrer, ayant seulement un coupe-file de journaliste ; les précautions les plus rigoureuses étaient prises et, quoique journalistes, l'entrée leur était rigoureusement refusée par l'huissier qui était préposé à la surveillance de cette porte et qui insista d'une façon spéciale sur l'impossibilité d'enfreindre en quoi que ce soit les mesures de rigueur. J'étais donc au moment de prendre la porte en tirant ma révérence à la cérémonie du Panthéon ; et m'expliquant avec mes deux confrères qui me jalousaient un brin, croyant voir en moi un membre de la presse réactionnaire, je leur dis : « Je suis ici comme membre de la presse militaire ; je ne suis pas un admirateur de la cérémonie, mais simplement un spectateur, et je ne sais pas le moins du monde si je vais rester. »

A ce moment, un prédicateur civil, en cravate blanche et habit noir, montait dans la chaire improvisée établie sur le modèle le plus classique des chaires ecclésiastiques et prenait la parole. J'entendis parler le ministre de l'instruction publique, j'entendis les mots de vérité, lumière, justice rouler dans cette éloquence d'un cachet naturellement officiel ; et un sursaut, je le dis très simplement, se fit en moi comme ancien universitaire, car j'ai été professeur; ancien normalien, mon école étant à deux pas, je me dis : « Est-ce possible que l'Université, dans la personne du grand-maître de l'Université, soit tenue d'être dreyfusarde ou de n'être pas? » Cet incident détermina chez moi un mouvement définitif ; et... sans entrer dans des explications plus minutieuses, à moins que vous n'y teniez...

D. — Je n'ai qu'un souci, celui de ne pas couper vos explications.

R. — J'arrivai sur les bancs de la presse, à travers toutes les rangées d'huissiers et de gardiens et près du commandant Dreyfus; et la manifestation à laquelle j'avais songé, je n'ai pas à le cacher, je la fis dans des conditions purement symboliques, si je puis ainsi m'exprimer, avec la certitude de ne pas abîmer le commandant ou

M. Dreyfus, mais de produire une protestation énergique contre la cérémonie du Panthéon.

D. — Allons un peu plus lentement, revenons au moment où vous demandiez à M. Bertol-Graivil : « Montrez-moi Dreyfus » ; mais vous le connaissiez bien.

R. — Non seulement je connaissais Dreyfus de vue, mais je prétends l'avoir vu de plus près que je n'ai l'honneur, Monsieur le Président, de vous voir vous-même et l'avoir immédiatement jugé dans des circonstances que je répéterai tout à l'heure à Messieurs les jurés, au Conseil de guerre du 19 décembre 1894, où le principal accusateur de Dreyfus fut Dreyfus lui-même par son attitude pour quelqu'un qui n'avait pas l'ombre d'un parti pris. Vous savez, et vous l'avez constaté, que je n'ai pris aucune part aux luttes suscitées par l'Affaire, que je n'y suis entré au dernier moment qu'en raison de l'appareil militaire déployé au Panthéon pour rendre les honneurs à Dreyfus, que je considère toujours comme coupable, j'en donnerai les raisons avec la même absence de tout parti pris, mais exclusivement au point de vue technique. De même que je trouvai la cérémonie scandaleuse au point de vue de la célébration du souvenir de Zola, l'auteur de la *Débâcle* et de *J'accuse*. Il ne faut pas oublier que telles furent mes déclarations immédiates à la mairie du Panthéon.....

D. — Il ne faut pas aller trop vite. Je vous disais que vous connaissiez Dreyfus de vue, vous rappelez un souvenir qui remonte à 1894, mais vous l'avez vu depuis la Révision.

R. — J'ai rencontré, comme tout Parisien, le commandant Dreyfus, dont la physionomie, pour moi, est un sujet d'études des plus intéressantes, mais je ne l'ai jamais recherché ou poursuivi.

L'acte d'accusation dit que j'avais conçu une haine profonde pour le commandant Dreyfus, c'est du roman de portière.

Je n'ai aucune haine contre le commandant Dreyfus ; j'ai un sentiment personnel contre le Dreyfusisme et contre son œuvre, contre ce que je considère comme de véritables méfaits commis par le Dreyfusisme, surtout dans l'ordre militaire.

Je n'ai jamais crié cela par dessus les toits. Il n'y aurait pas eu de cérémonie du Panthéon et surtout les honneurs militaires rendus à Dreyfus et à Zola par la garnison de Paris, qu'on n'aurait pas entendu parler de moi. J'ai rencontré Dreyfus comme un Parisien, après l'avoir noté avec une attention parfaite, sans aucun esprit partial, en toutes circonstances où je l'ai vu, et j'aurais pu lui dire : « Monsieur Dreyfus, voilà ce que vous pensez dans telle cérémonie ; vous trouvez que les gens qui glorifient les dupes ou les complices de votre réhabilitation sont — comment trouver le mot ? — bien

« poires »! Voilà bien l'expression de l'attitude et du visage de Dreyfus.

D. — Il ne faut pas anticiper. Je vais tâcher de mettre de l'ordre. J'apporte le témoignage du dossier, non le mien, à l'appui de certaines observations fort importantes que vous avez jugé à propos de faire et qu'il était nécessaire, pour la probité du débat, de faire tout de suite. Vous avez dit que dans la période de luttes de l'Affaire Dreyfus vous y avez été peu mêlé. Il y a un témoignage, — ce que je vais dire est en votre faveur, qui m'a frappé beaucoup, celui d'un journaliste, il se nomme Durand, qui dit : « J'ai été fort étonné de voir M. Grégori se livrer à un acte semblable, d'autant que je l'avais rencontré dans la période de fièvre de l'Affaire Dreyfus, et qu'il ne m'avait jamais paru parmi les violents et les emportés. Il parlait sur ces questions avec calme, comme tout le monde. Il n'était pas des violents. » Voilà qui est plutôt en votre faveur. Vous avez dit encore que vous avez fait avec votre esprit critique.....

R. — Pas critique, d'observation.

D. — Dans le sens d'observation si vous voulez, que vous aviez fait des remarques sur la personnalité physique du commandant Dreyfus. C'est vrai, nous verrons tout à l'heure dans vos notes des appréciations, afin que les jurés vous connaissent comme vous êtes, des appréciations quelquefois vives, quelquefois coléreuses et humoristiques sur la personnalité de Dreyfus. Vous l'avez vu à l'inauguration du monument Scheurer-Kestner.

R. — Parfaitement.

D. — Vous vous rappelez avoir noté certaines impressions sur votre carnet.

R. — Un agenda. C'est possible, le souvenir ne m'en revient pas, il faudrait les relire.

D. — Nous les reprendrons dans le plus grand détail, car c'est l'affaire même. Donc, vous vous approchez du commandant Dreyfus. Vous avez été vu par différents témoins qui sont étonnés de la rapidité avec laquelle vous avez évolué depuis le point où vous étiez avec M. Bertol-Graivil jusqu'au point de l'attentat. Vous-même, et je suis convaincu que vous étiez sincère, vous avez déclaré au juge d'instruction qu'il vous était impossible de dire le chemin que vous aviez parcouru, le doigt sur le plan. Mais il est un témoin qui a bien sa valeur, étant donné son caractère, qui vous avait vu passer, c'est un juge d'instruction, M. de Soubeyran de Saint-Prix, qui vous connaissait et qui a dit en vous voyant : « Tiens, c'est M. Grégori. » Il a noté que vous étiez passé très vite du point où vous causiez avec M. Bertol-Graivil à celui de l'attentat.

Pour la compréhension, nous nous souviendrons qu'il y avait différents morceaux de musique : la *Marseillaise*, un prélude de *Messidor*, de Gounod ; la *Marche Funèbre*, de Beethoven ; le discours du ministre de l'instruction publique, un quart d'heure ou vingt minutes.

R. — Vingt, trente minutes.

D. — Une symphonie de Beethoven, enfin, le *Chant du Départ*. Voilà le programme. Il y avait peut-être quelque utilité à le rappeler, car il y a des phases de la scène qu'il est possible de préciser dans leur succession par l'exécution du programme. Je l'ai copié sur le dos de la carte rose numéro 717 qui vous a permis d'entrer ; on venait de commencer le *Chant du Départ*. Tout le monde était debout, le défilé officiel allait commencer. Mme Zola allait sortir probablement une des premières, puis les ministres, les personnages officiels, les grandes corporations de l'État dans un ordre protocolaire, la famille Dreyfus, le commandant Dreyfus, entouré de son frère, de sa femme, de ses enfants, il allait suivre le défilé pour sortir du temple. Où étiez-vous à ce moment ?

R. — Cela est extrêmement difficile, si l'on n'a pas la configuration des places, pour une scène qui a duré deux minutes.

Considérez que j'arrive entre les deux premières banquettes qui sont devant moi, et que le commandant Dreyfus est situé au premier rang. Je tire mon premier coup de revolver à son bras.

D. — La position d'abord.

R. — Le commandant Dreyfus est sur la première banquette, je passe entre la première et la seconde.

D. — Face au catafalque ?

R. — Non. — Le cortège a commencé à défiler. Le commandant Dreyfus regarde défiler le cortège. Je ne puis l'empêcher d'avoir cette attitude. Je ne puis lui demander de se retourner. Du reste, ma manifestation ne devait rien avoir de dangereux pour lui. Je tire un coup de revolver dans la position où je pouvais l'aborder, étant convaincu que ce serait une manifestation sans aucun danger pour lui.

D. — Vous étiez derrière lui ?

R. — Non, j'étais obliquement. Je reconstituerai avec une minutie complète la scène, et s'il n'y a pas d'inconvénients, avec Dreyfus lui-même.

D. — Je veux bien que le mouvement que fait le commandant Dreyfus pour suivre le cortège fasse que vous vous trouvez un peu de côté, mais vous vous êtes approché derrière lui ?

R. — Je ne puis en toute sincérité vous dire si j'étais rigoureusement derrière. Lorsque le commandant Dreyfus sera là, nous reconstituerons la scène, — sans faire passer le cortège, bien entendu, — je montrerai comment j'ai perpétré mon «formidable» attentat, vous verrez que je n'étais pas derrière lui, mais obliquement.

D. — Vous êtes arrivé par derrière. Le mouvement qui a été fait pour sortir des rangs a fait que vous vous êtes trouvé obliquement. C'est possible.

R. — Il m'était difficile d'arriver par devant, je n'aurais rien pu faire, et puis, c'était la disposition des lieux : j'ai pris le passage qui m'était offert dans les conditions d'imprécision et de rapidité que l'affaire comportait. Je ne puis dire si je suis passé devant ou derrière, j'ai pris le couloir entre deux banquettes pour arriver jusqu'à lui.

D. — Vous étiez porteur d'un revolver ?

R. — Parfaitement.

D. — Vous n'en étiez pas propriétaire depuis longtemps. Auparavant, vous aviez un revolver acheté rue du Louvre, à la manufacture d'armes de Saint-Étienne, d'un ancien modèle, d'un prix modeste, c'était tout à fait une arme grossière de pacotille. Le 23 mai, dix jours avant l'attentat, vous vous êtes rendu rue du Louvre porteur de ce revolver, et vous avez dit à l'employé, que nous allons entendre, M. Carré : « Cette arme n'est pas ce qui me convient, elle est peu maniable, peu commode, je l'ai achetée ici, il y a peu de temps, voulez-vous me la changer ? »

L'employé, l'examinant rapidement, a vu qu'elle sortait effectivement de la maison, mais n'a pas regardé le numéro. Déférant à votre désir, il vous a fait choisir une arme à votre convenance dans la vitrine. Vous avez échangé le revolver de 7. $^m/_m$ pour une arme plus perfectionnée de 8 $^m/_m$, que vous avez maniée et définitivement choisie. L'arme que vous rendiez avait coûté avec la gaîne et les cartouches 10 fr. 70 ; celle dont vous veniez de faire l'acquisition coûtait 28 francs. On a fait le décompte et vous avez sorti de votre poche 19 fr. 75. En réalité, vous n'aviez pas acheté le revolver comme vous l'avez dit au marchand, quelque temps auparavant, mais plus anciennement. Quand vous avez été parti, il a fait cette remarque : « Si j'avais regardé le numéro, je n'aurais pas repris cette arme, car elle est fort ancienne, n'étant plus dans le commerce, ni d'un débit quotidien. » L'employé s'est dit : « J'ai eu tort de la reprendre ; si je retrouvais mon monsieur, je lui ferais cette remarque. » Mais le monsieur n'était plus là et l'acquéreur avait donné un faux nom. Pourquoi ?

R. — Si je pouvais retrouver la quittance du premier revolver, vous verriez qu'elle est à mon nom. L'employé me demande, au dernier moment, à quel nom quittancer la facture. J'ai donné un nom quelconque.

D. — Non, pas un nom quelconque. Vous n'êtes pas un homme à donner un nom quelconque ; vous avez donné le nom de votre mère. Je vois que votre mère s'appelait Olivier dans les actes de l'état civil, c'est son nom de jeune fille. Et vous avez donné une adresse, place du Marché, à Neuilly. Il n'y a pas de place du Marché, à Neuilly.

R. — Ce serait peut-être à démontrer, puisque ma mère y a demeuré.

D. — Elle n'y demeure plus ?

R. — Non. Le 28 décembre dernier, elle est morte.

D. — Enfin, vous avez éprouvé le besoin de vous donner, je ne sais pourquoi, un nom qui n'était pas le vôtre. Un détail encore. Le revolver que vous avez rendu était chargé.

R. — Non.

D. — Si ; je vous donne mon auteur, c'est Grégori, dans ses notes. Car, vous ne vous froisserez pas de ce mot, vous êtes peut-être un peu superstitieux.

R. — Il y a du vrai. Puis je me rappelle que l'employé a fait partir le revolver inopinément en pressant la gâchette.

D. — Et, au moment où doit arriver un grand événement de votre vie, cette particularité que le revolver est parti inopinément avec une balle qui pouvait être mortelle ou blesser quelqu'un, et qu'elle s'est logée dans une boiserie, ce fait a frappé votre esprit. Et comme vous notez vos impressions, voilà que le 23 mai, nous trouvons dans l'agenda ces deux lignes que lira peut-être M. l'avocat général : « *Un malheur est évité* », et plusieurs points d'exclamation.

R. — Nous notons, dans notre existence de journaliste, au fur et à mesure du train des événements, les choses qui passent et les pensées qui s'y rattachent. L'incident n'était pas de mon fait, mais dû à la maladresse de l'armurier ; il a pressé la gâchette sans me consulter. S'il m'avait consulté, je lui aurais dit : Il est chargé. J'étais étranger à l'incident, je l'ai noté. C'est tout.

D. — L'accusation dit que vous avez prémédité votre acte et acheté votre arme avec l'intention de vous en servir à la cérémonie du Panthéon. Je vois des points d'exclamation qui suivent les mots : « Accident évité ». Je les avais traduits ainsi : Quel présage ! l'accident aurait pu arriver. N'est-ce pas cela ?

R. — C'est peut-être exact ; je ne puis dire ni oui ni non, non pas pour me dérober. Cela m'est sorti de l'esprit.

D. — Vous n'êtes pas retourné dans le magasin où l'on avait

fait une mauvaise affaire en reprenant une arme qui n'était pas d'une vente quotidienne. Le revolver nouveau que vous avez emporté, sans être une arme très brillante, — vous êtes chasseur, vous êtes journaliste militaire, — vous reconnaissez que c'était une arme meilleure. Et vous avez emporté aussi une boîte de cartouches. Comment ont-elles été choisies dans le magasin ?

R. — J'ai demandé des cartouches, c'est bien simple ; je n'ai pas demandé des cartouches qui fussent ce qu'on appelle de première qualité. De même que le revolver que j'avais rendu était de qualité secondaire, on me rendait troc pour troc une arme meilleure avec des cartouches de seconde qualité.

D. — C'est ce que je voulais vous faire dire. Y avait-il dans le choix des cartouches une intention ?

R. — Mon intention est manifeste. A supposer que rien n'arrivât à la traverse de mon projet d'exécution d'un geste contre la participation des troupes à la cérémonie du Panthéon (chose qui ne m'était point démontrée à ce moment,) je dis : « Ma manifestation sera faite, mais dans les conditions les plus inoffensives et les moins dangereuses pour mon objectif. »

D. — Prenez garde à l'importance des mots : la manifestation la moins dangereuse, il n'y avait qu'à acheter des cartouches à blanc. Dans les théâtres, où l'on consomme beaucoup de poudre, et où l'on tue peu de figurants, on a des cartouches qui font du bruit et qui ne tuent personne.

R. — Je n'ai pas pensé aux cartouches à blanc. Si cela était venu à ma pensée, je l'aurais fait peut-être ; j'ai pensé à des cartouches presque inoffensives.

D. — Une expertise a été faite. Vous savez que M. Gastinne-Renette, l'expert très attitré, très qualifié pour se prononcer sur ces questions, qui est l'expert habituel de la Cour d'assises, a étudié avec le plus grand soin et avec la collaboration de deux médecins, la portée de cette arme. Médecins et armurier ont donné ensemble des conclusions formelles : que les cartouches étaient, en effet, ce que vous appelez de seconde qualité, que la nature balistique de la poudre était telle que, évidemment, ces cartouches avaient une force de pénétration moindre que celles de la première qualité. On s'est préoccupé du point de savoir si elles étaient tout à fait inoffensives, peu dangereuses, comme vous dites, ou si vraiment elles offraient un danger. On a fait des expériences qu'il était impossible de faire plus précises. On a fait des expériences de tir sur un cadavre que l'on a revêtu d'une manche de la redingote même de Dreyfus, la même étoffe, le même drap, le même linge, c'est-à-dire dans les conditions de similitude complète. On a tiré des balles qui restaient dans le barillet de votre revolver.

R. — Trois sur cinq.

D. — Eh bien, la première balle tirée dans ces conditions a eu un résultat spécial, il n'y a pas eu de pénétration complète ; la seconde, au contraire, tirée à la même distance, avec toutes les circonstances semblables, a eu une force de pénétration telle, que la perforation a été complète et le bras traversé de part en part.

R. — Je ne le crois pas. Je n'ai pas un souvenir assez complet de la procédure pour vouloir rectifier cette version. Dans tous les cas, ne serait-il pas juste de commencer par envisager les résultats des deux coups de revolver sur la personne de M. Alfred Dreyfus ? Les expériences sur le cadavre, je ne dis pas qu'elles soient du luxe, mais cela me paraît donner une couleur un peu dramatique à un incident qui n'avait pas cette portée.

D. — Je vous suis. Je n'avais parlé de l'expertise que pour en terminer avec l'arme.

Vous étiez porteur du revolver que nous savons, avec les cartouches que nous avons qualifiées de seconde qualité et qui sont reconnues par l'expert comme étant de seconde qualité, ayant une force de pénétration moindre et ayant surtout un jeu inégal. Tantôt elles portent beaucoup, tantôt elles portent moins.

Donc, porteur de ce revolver, vous arrivez par derrière.

R. — Obliquement ; j'y tiens d'une façon essentielle.

D. — Arrivé par derrière et vous trouvant obliquement près du commandant Dreyfus, par suite du mouvement qu'il a fait, vous avez tiré deux coups de revolver.

R. — Si vous voulez que je reconstitue, dans la mesure du possible, la scène.....

D. — Je vais mettre quelqu'un à côté de vous ; vous le ferez placer dans la position que vous voudrez et vous donnerez à MM. les jurés les explications que vous voudrez.

M. Grégori est amené devant la Cour, et M. le président fait approcher de lui un brigadier de la Sûreté.

Les deux hommes reconstituent la scène du Panthéon.

M. Grégori.— Le cortège passe..... j'arrive évidemment comme un monsieur un peu pressé, M. Alfred Dreyfus, entendant du mouvement derrière lui, tourne légèrement la tête et reprend immédiatement la position de corps et de tête, regardant le cortège. Il m'a vu. Je fais pan ! pan !..... Et voilà la scène reconstituée.

D. — C'est beaucoup, pan ! pan !..... je voudrais : pan, d'abord.

R. — Si j'avais le revolver, ce serait beaucoup plus parlant et définitif..... L'arme est là ? Eh bien, donnez-moi l'arme..... (*Avec un sourire.*) Vérifiez qu'elle ne soit pas chargée.

L'huissier prend le revolver parmi les pièces à conviction et le présente à l'accusé qui le reconnaît, à la défense et à MM. les jurés, puis le remet à M. Grégori.

M. GRÉGORI, *au brigadier de police.* — Veuillez regarder le cortège.....Vous entendez un léger bruit et vous tournez la tête, puis vous reprenez la position primitive, regardant le cortège..... Alors, je tire.

Grégori tire deux coups de son revolver en visant au bras.

D. — Étiez-vous aussi près que cela ?

R. — Dans la mesure où je puis reproduire la scène, je suis à la distance où je me trouvais.

D. — Il y avait entre vous et le commandant Dreyfus au moins une banquette.

Le premier coup a atteint le commandant Dreyfus dans le haut du bras ; il a produit, du reste, une blessure si peu grave que le commandant Dreyfus a déclaré lui-même qu'il ne s'en était pas aperçu.

R. — Je crois que c'est une erreur ; je crois qu'au contraire M. Alfred Dreyfus a fait : « Ha ! ha ! »

D. — Il a entendu une détonation, mais a déclaré ne pas s'être aperçu du traumatisme. Il s'est retourné à la détonation, croyant à un pétard, car tout le monde s'attendait à ce qu'il y eût peut-être du bruit, et il a dit : Ha ! « voilà la manifestation ! »

R. — Je crois pouvoir opposer ma version qui est la suivante : Le commandant Dreyfus, au premier et au second coups qui se sont succédé avec une rapidité, je dirai électrique, a senti le choc et a dit : « Ha ! ha ! »

D. — Pour le premier coup ?

R.— C'est entre les deux qu'il a fait : « Ha ! ha ! »..... ou plutôt, les deux coups se sont succédé très rapidement..... Je vais tirer, et pourvu que mon arme fonctionne, vous verrez que monsieur ne peut pas se retourner après le premier coup.....

D. — Nous verrons cela avec les témoins, et si vous désirez redescendre dans l'enceinte de la Cour pour donner des explications sur place, vous redescendrez.

Il s'est retourné, croyant à un pétard. Il a vu un homme, face à face, à cinquante centimètres, et il aurait instinctivement relevé le bras.

R. — Vous avez bien fait de mettre le conditionnel, parce qu'il n'a pas relevé le bras. J'étais rejeté sur les banquettes avant qu'il eût pu faire cette volte-face.

D. — Vous l'entendrez, vous entendrez tous les témoins qui ont donné les détails de la scène, vous entendrez le médecin qui vous dira le résultat des blessures et qui pourra, d'accord avec l'expert armurier, je crois, faire la vérité la plus complète, la plus nette et la plus précise, celle que nous cherchons dans l'intérêt de la justice.

R. — Dans tous les cas, je vous demanderai de faire vérifier le jeu du revolver, parce que s'il ne fonctionnait pas, ma version serait difficilement probante ; il faut que je puisse tirer les deux coups très rapidement.

M. L'Avocat général. — Entre les deux coups de revolver, il s'est écoulé au moins 30 ou 40 secondes.

R.— Je voudrais que l'on prenne une montre..... qui va établir les 30 ou 40 secondes ?

D. — Les témoignages !

R.— J'opposerai le mien..... l'intervalle entre les deux coups que je tire ne représente pas 30 ou 40 secondes. Si j'avais laissé cet intervalle entre les deux coups, le premier ayant éveillé l'attention des assistants, j'aurais été immédiatement jeté sur les banquettes. Il a fallu que les deux coups soient très peu espacés pour que je puisse les exécuter. Dès que le second coup a été tiré, j'ai été jeté par terre et j'ai failli être écharpé.

D. — Nous verrons cela avec l'armurier et les médecins. Sous la réserve de compléter vos explications, je voudrais que vous disiez maintenant ce que vous avez voulu faire, quelle a été votre intention. A ce moment, au moment où vous avez tiré les deux coups de revolver, avez-vous, ou n'avez-vous pas eu une intention homicide ?

R. — Si je puis serrer ma pensée au plus près, je dirai :

D'une façon en quelque sorte symbolique, j'ai tiré Alfred Dreyfus à son bras droit parce que, le considérant comme justement condamné (et ce sera ma démonstration à faire à MM. les jurés), et l'ayant devant moi, je donnais à mon geste cette signification : *la livraison des documents, qui n'est pas douteuse pour un homme de bonne foi, faite par le capitaine Dreyfus à l'étranger avait été faite en écrivant de la « main droite, » et c'est à la « main droite » que je visais.*

D. — Je voudrais que vous répondiez avec plus de netteté. Je vous pose une question très nette ; répondez-moi, si ce n'est pas trop vous demander, par oui ou par non. Vous donnerez ensuite les développements que vous voudrez.

Je considère que vous avez usé dans une large mesure du droit que vous donne la loi de 1897 de ne pas répondre devant le juge d'instruction. Quand le juge d'instruction vous a interrogé, et qu'à plusieurs reprises il a voulu vous presser de répondre, vous avez répondu : — Je répondrai aux Assises, je m'expliquerai devant le jury. Eh bien ! l'heure est venue où il vous faut donner une réponse précise.

Avez-vous eu, ou n'avez-vous pas eu une intention homicide ?

R. — Sans vouloir me dérober à la réponse que vous demandez, Monsieur le Président, je crois que ma réponse est complètement exposée dans ma déclaration initiale au Panthéon.

D. — C'est que justement, elle ne l'est pas.... Aux Assises, nous recommençons tout, l'instruction est orale. Là, vous êtes devant vos juges naturels ; dites-leur d'une façon simple si vous avez voulu tuer ou non ?

R. — MM. les jurés, auxquels je fournirai des explications bien complètes, seront eux-mêmes les juges de mon intention ; c'est eux qui trancheront la question à laquelle, Monsieur le Président, vous me demandez de fournir une réponse. Je m'en réfère à mes déclarations à la mairie du Panthéon, où s'explique d'une façon générale, je ne dirai pas mon état d'âme, c'est peut-être prétentieux, mais la manifestation que je voulais faire.

Si vous voulez me permettre de redire ce qui, à mon avis, est la définition complète de mon acte, je vais le redire, et MM. les jurés le comprendront.

J'ai dit, à la mairie du Panthéon, quelques *instants après mon arrestation* : « *Je n'ai pas tiré* sur Alfred Dreyfus, *j'ai tiré* sur le Dreyfusisme *venant porter à la population parisienne, à l'opinion publique et aux sentiments de la plus grande partie du pays un défi qu'il y aurait eu lâcheté à ne pas relever. Je n'appartiens à aucun parti politique. C'est comme militariste, comme syndic et probablement doyen de la presse militaire parisienne que j'ai voulu venger l'armée de l'injure que je considère lui être faite par cette participation inutile et scandaleuse à la cérémonie du Panthéon en l'honneur de l'auteur du roman* La Débâcle *et de la lettre* J'Accuse. » Voilà quelles ont été mes déclarations à la mairie du Panthéon.

Voilà l'explication que je présente au jury, et c'est lui qui appréciera mon acte.

D. — Le jury vous a écouté avec la plus grande attention ; mais vous n'avez pas répondu à ma question bien nette : « Avez-vous voulu tuer ? » Vous faites une réponse très mystique : « Je n'ai pas voulu tuer Dreyfus, mais le Dreyfusisme. » Ce sont là des mots, ce n'est pas une réponse. Précisons : Vous avez voulu tuer le Dreyfusisme en tuant le commandant Dreyfus.

R. — Monsieur le Président, je crois que ma réponse est contenue dans ma déclaration, et que mon intérêt et surtout la ligne des explications que je dois fournir, est de me référer exclusivement à ce commentaire initial. J'y reste et tiens à y rester.

D. — Plusieurs fois — et je n'ai pas voulu relever votre phrase — vous avez parlé d'une manifestation que vous aviez voulu faire. Il semblait, dans le cours de votre langage, que vous aviez voulu faire une manifestation : blesser le commandant Dreyfus et non le tuer. Eh bien, je vous ai posé cette question : « Aviez-vous une intention homicide », et vous n'avez pas voulu me répondre.

R. — J'ai tiré sur le Dreyfusisme !

D. — C'est très mystique ! En Cour d'assises, nous sommes plus simplistes ; quand nous interrogeons un homme, accusé de tentative d'assassinat, nous lui demandons simplement : « Avez-vous voulu tuer ou non ? »

R. — Si vous voulez que je dégage ma pensée, pour ne pas être en retard de courtoisie vis-à-vis de vous ?.....

D. — Laissons la courtoisie. Vous êtes accusé de tentative d'assassinat. Votre rôle est assez grave pour que vous vous expliquiez comme vous le voudrez ; je n'ai qu'un désir, c'est que vous vous montriez tel que vous êtes. Seulement, laissez-moi appeler votre attention sur ce qu'il y a de bizarre à ne pas répondre par oui ou par non à la question même de crime..... Vous ne le voulez pas, passons.

Seulement, je vais vous dire quelque chose ; je le dirai en termes que vous ne réprouverez pas, parce qu'ils sont employés par ceux qui prétendent vous être utiles et qui veulent faire une auréole autour de vous. Si vous n'avez pas voulu tuer le commandant Dreyfus, si vous n'êtes pas un assassin, un meurtrier, si le commandant Dreyfus n'a pas couru de danger et si vous n'avez pas couru le danger d'une condamnation pour crime, pour prendre les termes de vos amis, votre geste n'a plus la même ampleur.

R. — C'est une question que, vous le comprendrez, Monsieur le Président, je n'ai jamais envisagée. J'ai regardé ce que j'appellerais l'impudence du Dreyfusisme, à vouloir faire une parade militaire en l'honneur de Dreyfus et de Zola. Comment pouvais-je traduire ma protestation ? Je vous le demande à vous-même.

D. — Je vous réponds simplement : si j'étais dans votre cas, je dirais : « Oui, j'ai voulu le tuer, » ou : « Non, je n'ai pas voulu le tuer. » J'ai voulu le tuer, c'est un crime ; je prends la responsabilité de mon acte. Je n'ai pas voulu le tuer, je n'ai voulu que le blesser et produire une manifestation..... » Je tâcherais de répondre au jury avec précision, afin que l'on connût bien ma pensée.

R. — Ne venez-vous pas, si vous me permettez de l'indiquer,

de répondre vous-même à la question en rappelant ce que j'ai dit :
« Je prends la responsabilité de mon acte. »

D. — Ce sont des mots vagues.

R. — C'est le jury qui sera le juge définitif.

D. — Votre réponse va dicter ma conduite, et vous ne le trouverez pas mauvais. Vous connaissez la portée des mots ; votre obstination à ne pas répondre est suffisante. Je veux que le jury vous juge tel que vous êtes, ou tel qu'il vous trouvera. Par conséquent, à côté de la question de tentative de meurtre avec préméditation, que je dois poser pour purger l'acte d'accusation, je poserai comme résultant du débat une question de coups et blessures avec préméditation. Par conséquent, le débat sera localisé comme vous l'aurez voulu, et le jury considèrera en vous ou bien un meurtrier et un homme ayant tenté un meurtre avec préméditation, ou bien simplement un homme ayant voulu en blesser un autre, et alors, nous n'aurons plus que le délit de coups et blessures volontaires avec la circonstance de préméditation. Le terrain, c'est vous qui l'aurez choisi ; MM. les jurés jugeront comme ils voudront, et la solution sera ce qu'elle doit être. Je pose la question ainsi.

Je vous demande pardon d'appeler votre attention sur un point de droit. Il est de tradition, dans ces cas-là, de décomposer la question ; je ne veux pas le faire ; je veux qu'elle reste entière devant MM. les jurés. Vous êtes accusé de tentative de meurtre ; mais si le jury n'y veut pas voir une tentative de meurtre, il y verra une tentative de coups et blessures avec préméditation. Je vous ai averti, je ne vous parlerai plus de ce point de procédure, vous m'avez bien compris.

R. — Je m'en rapporte absolument au jury.

D. — Vous avez raison ; les jurés sont vos juges naturels, ceux devant lesquels vous avez voulu venir et exclusivement répondre, ne voulant pas répondre au juge d'instruction.

Alors, permettez-moi de vous dire que vous avez fait des réponses diverses, et il faut que je le dise, inexactes. Précisons bien ! Vous venez à l'instant, vous-même, de préciser, revolver en main, ce qu'avait été votre geste.

Le commandant Dreyfus, qui, je le crois, jusqu'à ce que nous l'entendions, n'a pas compris le premier coup dont il était l'objet, s'est retourné vivement sous l'impression d'une détonation.....

R. — Ce que je nie.

D. — ..... s'est retourné sans doute croyant qu'il y avait un pétard.

R. — Nous referons la scène.

D. — Et, se voyant en face d'un homme placé à quelques cen-

timètres de lui, qui tenait un revolver braqué dans la direction de
sa poitrine, a fait ce geste instinctif et rapide de couvrir sa poitrine
avec son bras, si bien que le coup destiné à la poitrine l'aurait
atteint au bras. Ce second coup a fait une blessure beaucoup plus
grave que le premier, sans être très grave quand même.

Le frère du commandant Dreyfus, M. Mathieu Dreyfus, qui
est à côté de lui, vous abat sur la banquette qui est derrière.

R. — Il n'était pas seul.

D. — Il vous maintient dans cette position, vous tient à la
gorge pour vous empêcher de vous relever, et cherche à vous
arracher le revolver que vous avez dans votre main. Il vous demande rapidement : « Le revolver était-il chargé à balles ? » Vous
avez répondu non.

R. — Voulez-vous que je m'explique ? J'ai démontré d'une
façon, je crois, suffisamment lucide que la *version de M. Dreyfus
ne tenait pas debout* devant ce fait de l'intervention de son frère
et d'autres personnes qui n'auraient pas laissé le temps matériel
de se retourner pour prendre une pose sculpturale devant moi et
ne m'auraient pas laissé le temps de tirer le second coup après le
premier. J'étais immédiatement saisi à la gorge par M. Mathieu
Dreyfus et par les autres personnes qui m'environnaient. Il a donc
fallu, pour que cette ruée (c'est un des mots qui sont dans la procédure) se produisît, que les deux coups fussent tirés coup sur
coup. S'il y avait eu un intervalle, le premier coup ayant été
entendu, j'aurais été happé aussitôt et je n'aurais pas eu le temps
de tirer le second.

C'est pour dire que la version que vous venez d'indiquer de
M. Alfred Dreyfus faisant non pas une pirouette, mais un oblique
à droite et se servant de son bras comme d'un bouclier, est maté-
riellement inadmissible. Par conséquent, il n'y a qu'une version
vraie, c'est celle que je viens de vous donner.

D. — Je ne suis pas heureux avec vous ; je ne peux jamais
obtenir de réponse à la question que je vous pose.

R. — J'y arrive. Je tenais à rapprocher l'incident Mathieu
Dreyfus du coup que je venais de tirer. Premier point.

Je recevais des coups de canne sur la tête ; je crois même que
j'ai été effleuré par l'ombrelle de Mme de Peyrebrune ; enfin, j'ai
été quelque peu mis en pièces. A ce moment, un monsieur me
demande : « Y a-t-il des balles ?..... » Qu'était ce personnage ? A
quel titre m'interrogeait-il au Panthéon ?..... Je n'avais qu'un désir,
c'était de me tirer de là ; je ne voyais aucune qualité à ce monsieur

pour m'interroger, et la réponse que je lui ai faite était pour l'inviter à se taire.

D. — Voilà votre réponse ! Je ne la critique ni ne l'approuve ; je la constate.

R. — J'ai dit des mots en l'air..... Voilà une personne que je ne connais pas qui vient me demander s'il y a des balles, et surtout qui vient me le demander avec un accent furieusement exotique. Qu'était ce magistrat qui, inopinément, se trouvant vis-à-vis de moi, dans ce langage bizarre, m'interrogeait ? Mettez-vous à la place de quelqu'un qui est renversé et assommé et qui se dit : « Comment vais-je me tirer de là ? » Il me demandait s'il y avait des balles ; je lui ai répondu : « Il n'y a pas de balles. » Ou bien : « Il y a des balles. » Tout cela signifiait : « Allez vous promener ! »

D. — Je comprendrais que si la chose se passait entre gens calmes causant entre eux vous ayez trouvé indiscrète la question. Mais voilà quelqu'un, vous avez tiré sur son frère ; il n'a pas pris de précautions pour vous interroger ; il a d'abord commencé par vous mettre hors d'état de faire plus de mal, et même il vous a garanti contre la colère de la foule..... Car, la foule est ainsi : sur le moment du crime, elle est hostile au criminel ; mais c'est une fureur qui ne dure pas. Que dis-je ? J'ai vu dans la rue des gens voulant écharper un individu qui avait commis un crime, et les mêmes gens, venus en curieux à la Cour d'assises, être pris de tendresse pour l'accusé. Nous sommes dans le moment immédiat qui a suivi le fait ; la fumée de la poudre n'est pas envolée ; le frère de la victime vous tient à la gorge et empêche qu'on ne vous écharpe. Il a même dit un mot : « On allait le lapider. » Il protège son frère contre vous et vous protège contre la foule. Je ne sais pas s'il avait un accent exotique ; il vous a demandé s'il y avait des balles, il avait le droit de vous le demander.

R. — Voulez-vous l'indication bien simple de ce qui s'est passé ? Je ne connaissais pas M. Mathieu Dreyfus au moment où il m'attrapait, ou, si vous voulez, me mettait en état de ne pas nuire ; mais je n'avais pas affaire qu'à M. Mathieu Dreyfus, et, lui, je ne savais pas qui il était.

D. — Vraiment, il y a des moments où on n'a pas le temps de se faire présenter...

R. — Le mot est joli, mais je vous répète que, quand vous dites qu'il remplissait son rôle de frère, je ne savais pas qui il était.

D. — Je constate que, sur le moment, séance tenante, à l'instant précis où l'on saisit votre main agrippée sur le revolver pour vous empêcher de tirer de nouveau, lorsqu'on vous dit : « Y avait-il

des balles ? » Vous répondez : « Non. » Vous ne répondez pas :
« Laissez-moi tranquille. »

Second point : on vous protège contre la foule, qui voulait vous
faire un mauvais parti.

R. — Je crois que M. Mathieu Dreyfus exagère son rôle. Lorsque
M. Mouquin fera entendre sa déposition, il revendiquera l'honneur
de m'avoir empêché d'être tué, et je crois que Mme de Peyrebrune
m'aurait elle-même protégé aussi, mais un peu tard, car, auparavant, j'avais reçu des coups de son ombrelle..... Je suis désolé qu'elle
ne soit pas ici pour vous décrire cette scène.

D. — Cela me paraît vraisemblable. Dans le premier moment
de colère contre le meurtrier, on se jette sur lui ; après cela, quand
le meurtrier est seul contre la foule, on veut le protéger.

R. — Voulez-vous me permettre une simple observation ?
L'interrogatoire semble attribuer une importance à des incidents
dont la portée pour moi était de me tirer de là. C'était absolument
naturel. Nous entendrons un témoin, M. Delessement, qui a crié :
« Ne le tuez pas ! »

Certainement, j'ai joué ma peau et vous faisiez allusion à mon
testament. Je jouais ma peau, mais je ne tenais pas tant que cela
à la laisser.

On me demandait : « Y a-t-il des balles ? » Il était bien simple
d'aller au poste où les explications seraient fournies; d'autant que
M. Mathieu Dreyfus n'avait rien à me demander à ce moment,
ayant vu son frère s'en aller dans des conditions qui montraient
qu'il n'était pas trop abîmé.

D. — On ne savait pas ce qu'était la blessure ; le docteur Pozzi
ne le savait pas lui-même, et ce n'est qu'à la radiographie qu'on a
été sûr que la balle n'était pas restée dans le bras.

Votre réponse à la question de M. Mathieu Dreyfus : « Avez-
vous tiré à balle ? » a été : « Non ! »

M. Mouquin, dont vous venez de parler, d'autres personnes
vous traînent dans un coin du Panthéon où le vide s'était fait, et
alors là, non pas un interrogatoire, mais encore une question rapide
vous est posée par deux personnes, par M. Mouquin, et par le procureur de la République, qui vous demande s'il y avait des balles
et auquel vous répondez : « Non. »

R. — C'est possible.

D. — Vous saviez bien qu'il y avait des balles.

R. — Ce n'était pas le lieu de me poser la question : « *Non erat
hic locus.* »

D. — Vous êtes pris en crime flagrant, si vous avez voulu tuer ;
en flagrant délit, si vous n'avez voulu que blesser. Par conséquent,

M. Mouquin, en sa qualité d'officier de police judiciaire, le procureur de la République, vous interrogent sur place ; et c'était bien le lieu. La justice, à qui on reproche d'être lente, n'a pas pu être plus rapide ; vous avez profité de ce que le Panthéon était rempli de robes rouges et noires, et vous avez été interrogé sur place par les magistrats qui étaient là. Je crois, pour prendre votre thèse, que c'est bien le lieu d'interroger un inculpé séance tenante.

Mais, je viens de dire quelque chose qui n'est pas tout à fait exact ; j'ai dit que vous aviez répondu : *non* à M. Mathieu Dreyfus, *non* à M. Mouquin et *non* à M. le procureur de la République. Ce n'est pas tout à fait *non* que vous avez dit à M. le procureur de la République, c'est pis. Moi, je n'ai pas le talent de vous faire dire oui ou non ; vous me répondez par une phrase mystique ; vous vous dérobez par une réponse que je voudrais plus précise ; mais à M. le procureur de la République vous avez dit : « J'ai tiré, je l'avoue, mais mon arme ne contenait aucun projectile dangereux. »

R. — Cela se rapproche peut-être de la vérité.

D. — Vous n'avez voulu faire qu'une manifestation bruyante ; voilà ce que M. le procureur de la République a constaté.

R. — Je ne répondrai que d'un mot : je demandais à m'en aller. (*Rires.*)

M. LE PRÉSIDENT. — Je voudrais bien qu'on ne rît pas en Cour d'assises, mais ne provoquez pas le rire vous-même.

Vous commettez un attentat, puis, quand la foule se rue sur vous, vous dites : « J'aimerais mieux m'en aller. »

R. — Ce n'est pas tout à fait cela ; il ressortira des témoignages que j'ai failli laisser ma peau, que j'avais la figure en sang.

D — C'est entendu.

R. — Vous voulez que je vous explique que j'étais non pas embarrassé, mais désireux d'envoyer promener les gens qui m'interrogeaient sur place.

Vous parlez de magistrats ! Je venais de recevoir de la part de magistrats (et c'est pour cela que je voudrais avoir la déposition de M. Albert Clemenceau) des coups de pied dans les jambes et dans le bas-ventre ; l'un de ces coups de pied notamment, qui a porté sur la cuisse gauche, a été tellement fort que j'ai été pendant plusieurs jours dans l'impossibilité de marcher. J'avais la figure en sang. Je me disais : Est-ce que je ne vais pas recevoir un coup qui sera, sinon mortel, du moins dangereux ? M. Mouquin m'a déclaré que s'il n'avait pas fait mettre sabre au clair, j'étais perdu. Alors que l'on me fiche la paix, voilà simplement ce que mes réponses voulaient dire ; nous causerons dans une forme de justice régulière. Et la meilleure preuve, c'est que, lorsque j'ai eu affaire à M. Alba-

nel, à la mairie du Panthéon, je lui ai dit : « Je suis à votre disposition. » Et là, quand M. Mathieu Dreyfus, reprenant la parole, me
fit connaître son nom, ma réponse fut la suivante :   « Je salue en
vous un frère qui a rempli son devoir de la façon la plus méritante
et la plus tenace ; mais, retenez ceci : je vous ai vu avec votre frère
le 19 décembre 1894 au Conseil de guerre du Cherche-Midi ; que
cela vous suffise pour le moment. » M. Mathieu Dreyfus est resté
coi, et ses interrogations ont pris fin.

Voilà la situation, et cela coupe court aux réponses que j'ai
faites.

D. — Vous avez répondu comme vous vouliez répondre ; je
n'insiste pas ; je résume seulement. Première réponse à M. Mathieu
Dreyfus : non. Deuxième réponse à M. Mouquin : non.....

R. — Ce ne sont pas des réponses de justice, Monsieur le
Président.

D. — Si, à M. Mouquin et au procureur de la République.

Troisième réponse au procureur de la République, je l'ai lue
tout à l'heure.

Quatrième réponse, dans le fond du Panthéon, au témoin Guichard, qui a été entendu.

Alors, on arrive à la mairie et l'instruction commence. Elle
commence avec toutes les garanties qu'a prévues la loi de 1897 et
avec une rapidité absolue. La loi a voulu que le juge d'instruction
n'interrogeât un inculpé qu'après l'avoir averti qu'il peut ne pas
répondre, s'il le veut ; vous en avez usé. Après l'avoir averti ensuite
qu'il peut ne répondre que quand il sera assisté d'un avocat, et
vous avez désigné le nom de Mᵉ Decugis, qui est accouru. Vous
avez été interrogé en sa présence.

R. — Au Palais, l'après-midi, et c'était de ma part encore de
la précipitation.

D. — Précisons. Je n'aime pas votre réponse, parce qu'elle
n'est pas très nette.

D'abord, le juge d'instruction vous interroge de suite ; c'est
son droit et son devoir absolu. Vous répondez ou vous ne répondez
pas : « Quand j'aurai un avocat qui sera là et qui aura lu la procédure, je répondrai. » Mais si vous voulez répondre de suite, et dans
des événements comme ceux-là, les inculpés répondent généra-
lement.....

R. — C'est ce que j'ai fait.

D. — Alors, au juge d'instruction, vous avez dit la fameuse
phrase : « J'ai tiré, non pas sur le commandant Alfred Dreyfus,
mais sur le Dreyfusisme ». ; et puis, ç'a été tout. Depuis, toutes les
fois qu'on a voulu vous interroger sur la préméditation, sur le

détail des faits, vous avez dit : « Je m'en rapporte à ce que j'ai dit à la mairie ; et ce que vous aviez dit, c'est cette phrase mystique et non précise : « J'ai tiré sur le Dreyfusisme et non sur le commandant Dreyfus. »

Aujourd'hui, j'ai tâché d'obtenir de vous une autre réponse ; je n'ai pas pu l'obtenir. Vous la réservez, c'est votre droit.

R. — Je veux insister sur un point. J'avais le sentiment du danger que je courais. Seul, dans une assemblée nombreuse et, naturellement, hostile, furieuse contre celui qui venait troubler la fête, j'avais à considérer un peu mon salut personnel. C'est ce que vous appelez ma dérobade.

Mais la scène ne pourra être bien représentée qu'après la déposition de M. Mouquin, et j'exprime à nouveau le regret de n'avoir pas ici M. Albert Clemenceau, qui, je crois le savoir de bonne source, a vu des magistrats en robe et en toque (*ils n'avaient pas précisément, j'ose le dire, le type français*) me décerner des coups de pied, des coups de poing, et contribuer à me mettre dans un état plutôt lamentable.

Eh bien, toute la cérémonie du Panthéon a consisté pour moi dans le danger que j'ai couru d'être écharpé. Ceci est uniquement pour expliquer à MM. les jurés que ce que vous considérez comme un désir de ne pas répondre à ceux qui m'interrogeaient sur place était dans la nature même des choses. J'étais en danger de mort.

D. — Vous avez dit tout ce que vous vouliez dire là-dessus. Nous en avons fini avec les faits matériels.

Pour l'expertise, nous attendrons l'expert.

Pour la portée des balles, nous en parlerons quand l'armurier sera là, et avec le commandant Dreyfus.

Arrivons à la préméditation.

Avez-vous, oui ou non, prémédité le crime, puisque vous êtes accusé de crime? C'est à vous de répondre : « Ce n'est pas un crime, c'est un délit, je n'ai voulu que blesser. »

R. — Je manquerais de sincérité, si je ne disais pas que je pensais à faire une manifestation, comme je l'ai expliqué plus tard, contre la participation des troupes à la cérémonie du Panthéon Mais cette préméditation (je ne voudrais pas donner à mes paroles plus d'emphase que ma pensée n'en comporte), cette préméditation était adéquate aux préparatifs de la cérémonie.

Supposez qu'il y ait eu une cérémonie purement littéraire.....

D. — Je connais quelqu'un qui avait fait des observations sur une cérémonie qui lui avait paru avoir un caractère peu sérieux et qui aurait voulu avoir la plume de Zola pour la dépeindre.....

R. — Oui, c'était votre serviteur, et cela se passait à Suresnes. Mais je n'ai pas trouvé d'écho, lorsque j'ai fait ma proposition.

D. — Et la constatation s'en trouve quelques feuillets plus loin, dans votre agenda. Mais revenons au Panthéon.

R. — Je me demandais : Est-ce que l'armée participera à la cérémonie ?

On peut trouver excessive la glorification de Zola au Panthéon pour la lettre *J'Accuse*, et nous aborderons cette question tout à l'heure. Je trouve que Zola aurait pu être honoré comme littérateur d'une puissance incontestable peut-être, et comme un sous-chef d'école, car ce n'est pas lui qui a inauguré le grand roman réaliste. Mais je passe là-dessus. Il n'y a qu'une question, c'est celle de savoir si Zola, auteur de la lettre *J'Accuse* et auteur de la *Débâcle*, devait recevoir les honneurs militaires au Panthéon.

Ceci n'est pas pour me dérober…. La question pour moi était de savoir si la troupe figurerait à la cérémonie, et du jour où j'ai vu qu'elle figurait au programme, je reconnais avoir prémédité mon acte. La question doit être circonscrite sur ce terrain. J'ajoute, non comme circonstance atténuante, mais pour la véracité du récit, que si les troupes avaient été supprimées du programme, vous n'auriez pas plus entendu parler de moi que vous n'en aviez entendu parler auparavant.

Quand j'ai regardé le programme de la cérémonie, et quand j'ai vu y poindre la figuration de l'armée en l'honneur de celui que je considère comme le premier antimilitariste, car il a été le promoteur de l'antimilitarisme, je me suis dit que je ne laisserais pas passer cette cérémonie sans faire un geste.

D. — Donc, il y a eu préméditation certaine.

R. — Parallèle et adéquate à l'élaboration du programme et à l'inscription d'une parade militaire dans ce programme.

D. — C'est absolument net ; vous avez au moins le mérite de la franchise absolue sur ce terrain.

Le président fait extraire des pièces à conviction l'agenda de M. Grégori.

D. — Voulez-vous que nous ouvrions l'agenda ?

R. — Dans la partie qui se rapporte à l'affaire.

D — J'allais vous le dire. Je ne me suis arrêté qu'aux pages, qui peuvent intéresser le procès, parce que je n'aurais pas le mauvais goût d'aller chercher autre chose.

M. Scheurer-Kestner était né le 11 février, et c'est par une pensée pieuse qu'on a fait à la date du 11 février l'inauguration du monument que tout le monde connaît, dans le jardin du Luxembourg. Nous ne parlerons pas de M. Scheurer-Kestner, nous ne parlerons que du monument, si vous voulez. Il y a là une question d'esthétique. Je ne veux pas vous combattre sur vos opinions personnelles dans l'Affaire Dreyfus et encore moins sur vos goûts esthétiques. Mais je trouve très beau le monument de Dalou..... Vous, vous le trouvez étriqué.

R. — Ce jour-là, il était attristé.

D. — Le monument de Suresnes aussi.....

Voici une coupure de journal : « L'inauguration du monument de Scheurer-Kestner aura lieu au palais du Luxembourg demain matin à dix heures. Aussitôt que le voile sera levé, etc..... » C'est un fait divers quelconque ; il n'a pas d'importance. Puis, voici votre note. Vous lui donnez un titre, ce qui est assez rare dans vos notes ; vous appelez cela : «La vision»..... «Le monument étriqué..... Vignette pharmaceutique..... La puissance juive est sur l'estrade..... Le trémolo de Brisson..... Clemenceau. Le commandant Dreyfus incurvé ; son énigmatique sourire..... » Vous voyez qu'il vous préoccupe.

R. — Je suis loin de le nier, et vous pouvez avoir une vision fidèle d'après ces notes que j'écoute, en ayant perdu le souvenir, mais que je suis heureux de retrouver.

D. — Vous le voyez, ce n'est pas le Dreyfusisme qui vous préoccupe, c'est le commandant Dreyfus lui-même.

Puis, écoutez bien les mots qui suivent : « Ce sera pour la prochaine fois. »

R. — C'est qu'il y avait en perspective la cérémonie de Suresnes. La cérémonie du Panthéon était dans le plus grand vague ; elle avait été fixée au 2 avril, et le gouvernement ou le Dreyfusisme qui, quelquefois, font tout un, avaient reculé devant la célébration de la cérémonie à cette date, parce qu'elle touchait aux élections municipales. Pour vous dire en toute franchise ma pensée, j'ai cru que la cérémonie du Panthéon ne se ferait définitivement pas devant l'opposition incontestable qu'elle soulevait de tous les côtés à Paris. Donc, en mettant : « Ce sera pour la prochaine fois », faisais-je allusion à la cérémonie de Suresnes ou à celle du Panthéon ? Il m'est difficile de répondre.

D. — Inutile de lire le reste. Il y a une appréciation sur le général Picquart, une sur Meyer, une sur Leblois.....

R. — Je vais vous expliquer. Le général Picquart, qui avait assisté à la cérémonie, causait, à ce qu'il m'a semblé, vivement à des sénateurs et des députés, mais sur un ton enjoué, d'obsessions dont il était l'objet de la part d'officiers ou d'employés juifs ! Ce nom de Meyer revenait incessamment. Il avait trouvé là l'élément d'une historiette qui faisait rire à gorge déployée ceux qui étaient autour de lui.

D. — Ce que je voudrais que vous disiez, c'est ce qui « sera pour la prochaine fois » ?

R. — Était-ce la cérémonie du Panthéon ? Était-ce la cérémonie de Suresnes ? Il m'est difficile de le dire. Quand un journaliste met sur ses notes : « Ce sera pour la prochaine fois », ce sont des éléments qui font partie de son métier..... Vous voyez là le scénario d'articles à faire, si vous voulez..... Le sourire de M. Alfred Dreyfus disait : « *Ah ! les vieilles barbes qui sont sur l'estrade ! Les belles poires qui m'entourent dans cette cérémonie !* »

D. — J'arrive au mois d'avril à Suresnes. « Buste navré..... » C'est le buste de Zola ?.... « Les danses, les barrages... » « Inouï » !

R. — C'est bien cela. J'ai trouvé la cérémonie absolument burlesque. J'ai trouvé que ces danses alternant avec un discours presque pontifical, ou mieux poncif, de M. Havet, il aurait fallu Flaubert ou Zola pour, de leur patte puissante, évoquer ce qu'il y avait de fabuleusement et d'homériquement ridicule dans cette cérémonie.

D. — 23 mai..... C'est le jour de l'achat du revolver. Nous en avons parlé. « L'accident évité. » Vous vous êtes expliqué.

Je ne veux tirer que cela de cet agenda ; l'accusation et la défense en tireront davantage si elles veulent.

J'y trouve la trace, la preuve indéniable, à mon avis, d'une préméditation.

R. — J'ai expliqué ma préméditation qui était rivée complètement à la question d'une parade militaire.

D. — Puis, 3 juin..... c'est l'affaire même...,. « Zola, de Montmartre au Panthéon. »

Des comptes de ménage.

Puis plus bas : « Mon testament..... 5.000 francs chez le notaire Rigault, 8, boulevard Sébastopol. » Voulez-vous vous expliquer là-dessus ?

R. — « Mon testament », cela n'avait aucune prétention emphatique. Cela signifiait simplement que je pouvais laisser ma peau le lendemain. Il faut tout prévoir.

D. — Vous donnez bien là l'indication de la gravité que vous attachiez au cas dans lequel vous vous mettiez le lendemain.

R. — Je comprenais la gravité qu'il y avait à me trouver seul dans la réunion du Panthéon.

D. — Pourquoi y avez-vous été ?

R. — Parce qu'il me paraissait impossible de laisser passer, sans protestation, cette cérémonie dans laquelle on faisait figurer l'armée.

D. — Votre crime rentre dans la catégorie des crimes *fanatiques*.

R. — Nullement ! *Crime raisonné*.

D. — Ce n'est pas la colère d'un homme contre un homme ; ce n'est pas le crime de cupidité, ce n'est pas le fait de voler à quelqu'un son porte-monnaie. Votre crime, je le fais rentrer dans la liste longue des crimes et des attentats qui sont survenus à des heures données, des crimes célèbres que les psychiâtres et les anthropologues appellent des régicides, non que celui qui en est victime soit toujours un monarque, mais parce qu'il est un personnage connu, sur lequel s'exerce une vengeance qui est le résultat de colères collectives et non pas individuelles. Vous n'avez pas voulu nous dire si vous êtes un meurtrier ou un assassin, ou si vous n'êtes qu'un délinquant.

R. — J'ai été un protestataire.

D. — C'est entendu ! La protestation, c'est le mobile ; vous vous expliquez bien sur le mobile, mais vous ne voulez pas vous expliquer sur l'acte lui-même.

Je ne sais pas en somme à qui il faut vous comparer. Je ne voudrais vous comparer à personne et que vous vous montriez au jury tel que vous êtes. Si vous disiez : « J'ai voulu tuer le commandant Dreyfus », je vous rappellerais le mot de cet homme qui rappelait le droit que Brutus avait sur la vie de César. Ce n'est pas votre cas.

R. — Je n'ai pas eu la moindre haine contre le commandant Dreyfus. M. Alfred Dreyfus a été victime des *fatalités de sa race, de son caractère, et des circonstances* que nous verrons. Mais j'ai eu l'animosité la plus vive, je le reconnais, à voir le chambardement militaire exécuté par le Dreyfusisme.

Lui, M. Alfred Dreyfus, a peut-être droit, après les épreuves qu'il a subies, quoiqu'il en ait été l'auteur, puisqu'il est parfaitement coupable, nous verrons cela tout à l'heure.....

D. — Faisons des réserves ; nous verrons ce que nous aurons à voir.

R. — Je répète que M. Alfred Dreyfus a peut-être droit à une certaine pitié en raison des épreuves qu'il a subies. C'est pour vous dire que de haine contre le commandant Dreyfus, comme il est allégué dans l'acte d'accusation, je n'en ai pas. Je ne hais qu'une chose, c'est ce qu'a fait le Dreyfusisme.

D. — Votre réponse est mystique.

R. — C'est une affaire qui est plus d'expression et de symbole que personnelle.

D. — Regrettez-vous ce que vous avez fait ?

R. — Non. Je dis plus ; il est probable que je le referais, les mêmes circonstances se reproduisant, et c'est ce qui devra ressortir de mes explications ultérieurement. Je considère que nous étions provoqués : je parle de nous qui attachons aux idées de puissance militaire un intérêt primordial, sans être des buveurs de sang. Par conséquent, je n'ai rien à regretter, parce que les auteurs de la cérémonie du Panthéon, à quelque date qu'ils eussent placé cette manifestation insultante pour l'armée, provoquaient eux-mêmes la manifestation et portaient un défi.

J'ai accepté la responsabilité entière de mes actes, et si c'était à refaire dans les mêmes conditions, je le referais.

D. — Avant de suspendre, écoutez. J'ai le désir très formel de laisser à votre défense toute sa liberté. Vous êtes accusé de tentative d'assassinat. A vrai dire, vous ne courez pas les risques de ceux qui, avant vous, ont tué, voulu tuer ou blesser une personnalité en vue. De ceux-là, le nombre est grand qui ont été au bout et ont connu l'échafaud. Vous ne risquez pas la peine dernière. Mais les articles de loi visés contre vous rendent votre cas assez grave. La peine suprême, n'en parlons pas. Votre âge vous met même à l'abri des travaux forcés.

R. — C'est un détail que j'ignorais.

D. — Mais, si grande que soit la liberté de votre défense, je vous supplie d'éviter les incidents que je serais forcé d'arrêter et que je ne manquerais pas d'arrêter. Écoutez bien : la question d'innocence du commandant Dreyfus, sur laquelle vous pouvez avoir l'opinion que vous voulez..... je ne cherche pas à vous convaincre, croyez ce que vous voulez croire. On vous acquittera ou l'on vous condamnera. On ne vous demandera pas de faire amende honorable ; on ne vous demandera pas de sortir d'ici en frappant la terre du pied et en disant : « Et cependant, il est coupable ! » Mais la Cour de cassation s'est prononcée d'une façon formelle, définitive, irréfragable.

L'Incident Gaucher

Une Voix dans l'auditoire. — En violant l'article 445 au moyen d'un faux !

M. le Président. — Qui se permet d'élever la voix ? Gardes, amenez devant la Cour la personne qui a parlé.

Au milieu d'un tumulte indescriptible, les gardes amènent l'interrupteur devant la Cour.

L'Interrupteur. — Je n'étais pas venu ici dans l'intention de manifester, mais je n'ai pu retenir mon indignation ; j'ai dit que la Cour de cassation avait violé l'article 445 du Code d'instruction criminelle. L'expression de ma protestation a été plus forte que moi. J'affirme que la Cour de cassation a violé l'article 445.

D. — Je ne permettrai pas qu'on tienne ce langage.

R. — Que vous le permettiez ou non, la Cour de cassation a violé l'article 445.

D. — Qui êtes-vous ?

R. — Je suis M. André Gaucher.

D. — Votre profession ?

R. — Vous devez la connaître.

D. — Je ne la connais pas.

R. — Renseignez-vous.

M. L'Avocat général. — Je vous prie d'être poli vis-à-vis de M. le président ; autrement, je prendrais des réquisitions.

R. — Je suis publiciste, tout le monde le sait. Je n'ai pas manqué de respect.....

D. — Laissons ma personnalité de côté. Vous venez de commettre une grosse inconvenance, et vous devez le regretter.

R. — Je ne le regrette pas le moins du monde.

D. — Je ne comprends pas, si vous appartenez au monde de la presse ou des lettres, que vous ayez oublié les efforts constants que nous avons faits ici pour que ce débat se passe dans le calme. Pourquoi apportez-vous de la colère ? Vous n'aviez pas à prendre la parole.

R. — Il y a des mouvements spontanés d'indignation. Je vous donne ma parole que je n'étais pas venu ici pour faire une manifestation.

D. — On va vous mettre à la porte de la salle ; allez-vous-en.

R. — Permettez-moi de rester ici, je m'engage à ne plus troubler le débat.

D. — Vous n'avez pas été maître de votre pensée..... M. le procureur général prendrait des réquisitions.

R. — Ma pensée reste entière.

D. — Retirez-vous, c'est le plus prudent.

R. — Il n'y a pas de prudence ; je continue à affirmer avec toute mon énergie ce que j'ai dit.

D. — Nous ne pouvons continuer ce débat ; je dois vous faire mettre à la porte, et les gardes vont veiller à ce que vous ne pénétriez plus à l'audience.

Après cet incident, le président s'adresse de nouveau à l'accusé : « Je répète ce que je vous disais quand j'ai été interrompu. La Cour de cassation a statué d'une façon absolument définitive, irrévocable; l'arrêt rendu, toutes Chambres réunies, par la Cour suprême, le 12 juillet 1906......

R. — *Sans débats contradictoires et publics..... sans confrontation de témoins.....*

D. — Il y a là une manifestation souveraine que je ne souffrirai pas qu'on attaque ici. Il faut concilier ce respect de la chose jugée avec la liberté complète que je veux de votre défense.

R. — *Mon acte n'a pas de signification, si j'accepte la chose jugée ; il n'a de signification que si je ne l'accepte pas.*

D. — J'avais pris, tout à l'heure, la précaution de vous dire que je ne vous demande pas amende honorable ; on ne veut pas ici vous juger, je ne dis pas vous condamner, pour vous amener à reconnaître que la Cour de cassation a raison. Gardez votre opinion, Monsieur, gardez-la ; mais vous ne pouvez, ici, vous insurger contre une décision de justice. Alors, le critérium est bien simple : expliquez la bonne foi de vos convictions personnelles. Qu'on soit convaincu que l'acte que vous avez commis, qui est un acte blâmable, qu'on qualifiera crime ou délit, mais, enfin, qui est une infraction à la loi.....

R. — Il y a eu d'autres infractions à la loi, dans mon affaire.

D. — Je vous répète que si vous envisagez la question du procès Dreyfus à votre point de vue, pour déclarer quels sont les mobiles de votre crime, rien de plus légitime ; faites-le avec convenance envers l'autorité qui a statué légalement, judiciairement et d'une façon définitive.

R. — C'est une question extrêmement délicate.

D. — Je connais votre tact, et ce n'est pas avec un homme de votre caractère, qui connaît la valeur des mots, que cela est difficile. Plaidez le procès Grégori et non pas le procès Dreyfus.

R. — Comment voulez-vous que je plaide le procès Grégori en supprimant la question Dreyfus ?

D. — Je n'ai pas dit cela ; ce sont vos journaux, à vous, qui me prêtent ces intentions malveillantes.

R. — C'est le terrain sur lequel je veux me placer.

D. — Il faut que vos juges vous connaissent tel que vous êtes ; il ne faut pas chercher à votre crime ou à votre délit un autre mobile que celui que vous avez eu réellement ; mais vous ne pouvez faire de la défense une tribune, pour, dépassant l'enceinte de la Cour d'assises, chercher à créer un mouvement d'opinion dans le public. La question Dreyfus est finie ; le public en a assez, d'abord...

R. — *Alors, pourquoi est-on allé au Panthéon ?*

D. — En tout cas, judiciairement, légalement, elle est close irrévocablement et restera close.

R.— Je tiens à déférer à vos injonctions, mais en faisant observer que sans vouloir provoquer l'ombre d'un scandale, en ne cherchant pas, comme vous le dites, à me faire une tribune, il est d'impossibilité absolue de ne pas souder la justification de mes convictions et de mon acte à l'Affaire Dreyfus, où l'on ne m'a jamais vu figurer, mais où j'ai pris une conviction d'écrivain militaire, technique, dans des conditions personnelles dont je n'ai fait part à personne, mais qu'il faut que j'expose aujourd'hui au jury...

D. — Nous sommes absolument d'accord.

R. — ... Pour montrer comment j'ai été pleinement convaincu de la culpabilité de Dreyfus, sans aucun parti pris. On n'a jamais compris ceci : l'Affaire était en principe purement militaire, elle en est sortie par des dérivations politiques ; mais sur le terrain militaire, je me suis fait, — je ne veux pas parler toujours militarisme, Messieurs les Jurés, la société a autre chose à faire, mais vous-mêmes, dans vos professions, vous faites du militarisme, vous militez toujours.....

Je me suis fait une conviction personnelle. Si je n'en avais pas, je ne serais pas allé au Panthéon ; j'y suis allé fort de cette conviction que, dans un cas l'on avait bien jugé, dans l'autre, très mal jugé, et que l'arrêt de la Cour de cassation, j'en parlerai sans irrespect, ne pèse en rien pour moi, je répéterai toujours mon mot : Sans aucun parti pris, — vis-à-vis des sentences des juges précédents.

D. — Nous sommes d'accord avec ce que vous venez de dire, qui est très légitime ; nous avons le devoir de connaître vos convictions, vous avez le devoir de les expliquer, vous venez de le dire, avec le respect de la Cour de cassation. Je ne vous empêche pas d'avoir vos opinions ; laissez-moi celle de respecter les décisions de la justice.

Mᵉ MENARD. — Il y a deux choses jugées ; chacun choisira la sienne.

M. LE PRÉSIDENT. — Nous allons suspendre l'audience.

LES TÉMOINS

Alfred Dreyfus

A la reprise de l'audience, la Cour procède à l'audition des témoins cités par l'accusation.

Alfred DREYFUS. Ses cheveux ont blanchi ; il a l'air cassé, mais c'est bien toujours le type juif du procès de Rennes, et c'est le sentiment général que le condamné de Rennes n'a rien perdu de son aspect équivoque et antipathique. D'une voix brouillée :

— J'étais debout, dit Dreyfus, entre mon frère et ma femme, la cérémonie venait de prendre fin, et j'attendais de me mettre à la suite du cortège, après Mme Zola, quand j'entendis derrière moi le bruit d'une détonation ; — comme l'éclatement d'un fort pétard. Je me retournai et je me trouvai face à face avec l'inculpé, l'arme tournée vers moi. *Je vis la lueur d'un coup de feu*, et par un mouvement naturel, je portai la main à la poitrine, heureusement pour moi, sans quoi la balle aurait pénétré dans la poitrine. Je vis mon frère se jeter sur l'inculpé, avec d'autres personnes ; quant à moi, je fus conduit dans une pharmacie où je fus pansé. C'est dans l'après-midi seulement que je me rendis compte de ma blessure à l'avant-bras droit.

D. — Vous êtes bien certain que le revolver était dirigé perpendiculairement à votre poitrine ?..... Combien de secondes ont séparé le second coup du premier ?

R. — Quelques secondes. Je me suis retourné vivement, j'ai vu la lueur du deuxième coup, et voici le mouvement que j'ai fait. (Le témoin porte la main droite à sa poitrine.)

D. — Monsieur Grégori, avez-vous des questions à poser au témoin ? Vous voudrez bien le faire avec calme, en les posant par mon intermédiaire.

R. — Je le ferai avec d'autant plus de calme que je n'ai pas l'ombre d'une animosité quelconque contre M. Alfred Dreyfus personnellement.

Je déclare simplement que sa version est, je ne dis pas controuvée, mais irréalisable, et *j'offre en ce moment*, — comme j'aurais pu le demander par une expertise si ce n'avait été compliquer la procédure, — de prouver *qu'il est impossible* que M. Dreyfus, regardant passer le cortège, ait pu se retourner en voyant la lueur du coup de feu, ce qui indique que le coup était parti, — et porter son bras à la poitrine pour se protéger. Non, non, M. Dreyfus n'a pas pris cette attitude sculpturale qu'il lui plaît de se donner.

J'ai tiré presque simultanément les deux coups de revolver, le bras de M. Dreyfus étant dans cette position (le bras baissé). Je prie Monsieur le Président de poser à M. Dreyfus cette question : « Si la blessure s'est produite comme ceci (le bras couvrant la poitrine), il me paraît conforme aux lois de la capillarité que le sang ait d'abord afflué par ici (vers le coude) ; or, M. Dreyfus avait du sang sur la manchette. Il est évident que s'il y avait du sang à cet endroit, c'est parce que M. Alfred Dreyfus avait le bras comme ceci (en bas). *Je le défie* d'établir l'afflux du sang avec la version qu'il nous donne. » Je n'ai aucun intérêt à indiquer cela, seulement je suis sûr de moi et M. Alfred Dreyfus n'est pas sûr de lui.

Dreyfus. — Je maintiens ma déposition.

[Mais il est dans l'impossibilité d'ajouter quoi que ce soit d'intelligible et de *précis*, et les commentaires vont leur train sur cette allégation hasardeuse de l'ancien officier d'artillerie affirmant avoir vu la lueur du coup de feu, c'est-à-dire quand le coup est parti, et s'être alors protégé la poitrine du bras pour recevoir le projectile à temps dans ce trajet de quelques centimètres].

Dreyfus, sec, ankylosé, figé, comme toujours, retourne prendre place sur les bancs, à côté de son frère.

M. Paul Rigault est le notaire, ancien camarade du lycée Charlemagne, chez lequel M. Grégori a déposé, la veille de la cérémonie du Panthéon, son testament et 5.000 francs. Grégori répète simplement qu'il savait jouer sa vie le lendemain.

M. Gastinne-Renette, expert, a été chargé d'examiner le revolver et les cartouches. Celles-ci étaient de médiocre qualité et faiblement chargées. Le premier coup a dû être tiré à quinze centimètres de distance et le second à vingt ou vingt-cinq centimètres. Puis, il raconte les expériences qu'on a eu la fantaisie macabre de faire sur un cadavre, un pauvre machabée de la Morgue, revêtu de la chemise et de la redingote de Dreyfus.

Mais, quand on demande à l'expert s'il peut affirmer quelle était la position du bras de Dreyfus au moment où la seconde balle l'a frappé, sa réponse est que l'on peut émettre une affirmation de ce genre, seulement dans le cas où les balles pénètrent et suivent un trajet. Différemment, il n'y a place que pour des hypothèses.

M. Grégori insiste avec le revolver qu'il se fait passer à nouveau, et dont il se sert pour refaire sa démonstration, infirmant, une fois de plus, et catégoriquement, la déposition de Dreyfus, laquelle est « un effet, dit-il, de *sa mentalité spéciale* ». Mentalité, pour habitude de mentir, est comprise de tout l'auditoire.

M. Carré, employé de la maison de Saint-Étienne, rue du Louvre, raconte comment M. Grégori est venu changer un ancien revolver et comment on lui a livré les cartouches qu'il y avait.

M. Pierre Mortier, rédacteur du *Gil-Blas*, déclare avoir bien vu le 4 Juin, au Panthéon, M. Grégori se trouvant à la porte de sortie sur la rue d'Ulm.

M. Mathieu Dreyfus, le frère d'Alfred Dreyfus, dépose avec un emportement calculé, visant à l'invective contre l'accusé :

—Mon frère était à ma gauche..... j'entends deux détonations..... je vois un homme avec le revolver tendu sur mon frère..... Je me précipite, on se précipite sur lui..... Je le défends contre les gens qui vont le lyncher..... Mais je lui demande si son revolver était chargé à balles ; il m'a répondu deux fois non. L'accusé mentait pour sauver sa vie. (*Protestations dans l'auditoire.*)

— *Je mens moins que votre frère*, réplique Grégori.

Et comme Mathieu Dreyfus veut reprendre sur le même ton élevé et aggressif, Grégori poursuit :

— M. Mathieu Dreyfus vient de se poser comme mon sauveur. Quand, à moitié assommé, tout sanglant, je gisais sur les banquettes, un individu se penche sur moi qui me crie avec un fort accent étranger : « Votre revolver a-t-il des « balles » ? Je lui réponds n'importe quoi, n'ayant pas à répondre à un inconnu, et je ne connaissais pas cet interlocuteur.

Peu après, à la mairie du Panthéon, comme il recommençait son histoire de « balles », je lui demande son nom. — Mathieu Dreyfus. — Alors, lui ai-je dit, je rends hommage à votre conduite envers votre frère.

— Vous m'avez dit : « Je vous salue ! » fait Mathieu Dreyfus.

— C'est bien ça : « Je vous salue. » Mais je vous ai dit aussi : « Je vous ai vu au Conseil de guerre du Cherche-Midi, le 19 Décembre 1894, en même temps que votre frère, ne l'oubliez pas. Et maintenant, taisez-vous ! »

M. Leblond, secrétaire particulier de M. Clemenceau, dépose habillé en soldat, sous prétexte qu'il fait ses 28 jours. Il réédite la déposition de Dreyfus qui, se retournant, aurait relevé le bras pour protéger sa poitrine.

— M. Leblond est *de mèche* avec le commandant Dreyfus, dit Grégori. Les allégations du témoin sont de pures « inventions ».

Le président relève le mot.

Mᶜ Joseph Menard. — Mon client a bien le droit de parler d'inventions, quand on l'a traité trois fois de menteur.

— Je certifie avec une netteté tranquille, reprend Grégori, que M. Leblond n'a pas pu voir ce qu'il dit avoir vu. Mettons qu'il *se trompe d'accord avec Dreyfus*.....

M. Hanneuse, baron de Gastelberge, directeur d'une agence, l'*Informateur de la Presse*, accent belge et type juif, dépose, lui aussi, que Grégori visait au cœur, tout en tenant son arme « à la hauteur de la hanche droite. » Cela fait sourire.

Le Docteur Balthazard, médecin légiste, fait une déposition minutieuse dont il ressort, en substance, que les blessures étaient tout à fait anodines : celle de la face postérieure du bras n'avait aucune gravité ; celle de l'avant-bras avait déterminé une légère effusion de sang, mais la balle n'avait pas pénétré. (Les deux projectiles furent retrouvés à terre.)

Le docteur explique le fait, en partie, par la curieuse résistance du drap dont la redingote de Dreyfus était faite ; drap d'une solidité telle que M. Balthazard n'en a jamais vu de pareil, et qui avait amorti la force pénétrante du projectile, de médiocre qualité, d'ailleurs.

M. Mouquin, chef du Service des recherches à la Préfecture de Police, raconte la scène à son tour ; parlant de la foule d'assistants qui frappaient Grégori : « C'était une véritable scène de lynchage ! dit-il. Sans moi, Grégori aurait été tué. »

— Oui, vous m'avez même observé, réplique Grégori, que si vous ne m'aviez pas fait entourer par les gardes républicains, sabre au clair, j'étais perdu !

— C'étaient des cavaliers de la garde républicaine en grande tenue qui, formant à pied la haie d'honneur, comme dans les grandes cérémonies officielles, avaient le sabre à la main.

— Mais c'est à tort, ajoute Grégori, que vous avez cru m'entendre crier : « Ne me tuez pas ! » selon vos déclarations au juge d'instruction. Ce cri venait d'un autre que moi.

M. Delaissement, huissier à la Chambre des députés, déclare que c'est lui qui criait : « Ne le tuez pas ! »

M. Elie Stein, avocat et juif, commence son témoignage en disant : « Une détonation qui longuement se répercuta..... » Les rires de la salle l'interrompent presque aussitôt.

— Oui, repart-il, j'ai vu le coup qui était tiré dans la direction du cœur. (Les rires redoublent ; c'est la note comique du procès.)

Les explications de plus en plus embarrassées de l'avocat-témoin à charge sont accueillies par l'hostilité railleuse du public qui comprend que le coup tiré dans la direction du cœur, d'après Dreyfus, Leblond, Hanneuse, est un coup monté sur un mot d'ordre du Ministère de l'intérieur.

Me Menard. — Je voudrais que M. le président demandât au témoin si ce n'est pas lui qui a demandé à être entendu par le juge d'instruction.

M. Elie Stein. — J'ai en effet déclaré à M. Albanel qui m'avait vu, qui était placé près de moi pendant toute la cérémonie..... J'avais aussi salué M. Jules Brun, substitut, et plusieurs magistrats.....

Me MENARD. — Je pose une question précise : je demande si le témoin n'a pas demandé à être entendu ?

R. — Parfaitement.

Me MENARD. — Pourquoi n'a-t-il pas dit à l'instruction tout ce qu'il vient de raconter à l'audience ?

R. — Je l'ai dit.

Me MENARD. — J'ai sous les yeux la déposition du témoin ; elle tient en quinze lignes ; tous ceux qui viennent de l'entendre ici peuvent se rendre compte que ce qu'il a dit ne tiendrait pas en quinze lignes.

LE TÉMOIN. — Ç'a été résumé plus ou moins. Nous savons tous comment les instructions se font : le témoin dépose, le juge d'instruction résume, et le greffier écrit.

Me MENARD. — Le greffier écrit, en général, ce que lui dicte le juge d'instruction, et le juge a pour devoir de dicter ce qu'a dit le témoin. Or, comme cette déposition est signée de M. Elie Stein, qu'elle tient en quinze lignes, je persiste à dire que M. Stein a apporté ici des fioritures qu'il n'a pas données devant le juge d'instruction. Quand des poursuites sont ordonnées sur une déposition, je n'aime pas me trouver en face de charges nouvelles.

Je voudrais demander au témoin quel est le mouvement par lequel un monsieur peut chercher à donner une direction à son revolver.

R. — Lorsque j'ai aperçu Grégori pour la première fois, il avait son revolver appliqué contre la hanche et cherchait à tirer dans une direction donnée, mais il n'a pas pu y parvenir! Lorsqu'il s'est aperçu qu'il ne pouvait pas tirer sur le commandant Dreyfus étant dans cette position, il a allongé le bras très nettement et il a tiré vers le cœur.

Me MENARD. — Et il a atteint le bras droit !

R. — Parfaitement, le bras étant relevé par l'homme qui se voit attaqué. Si vous aviez été attaqué, Maître Joseph Menard, vous auriez pris toutes les mesures pour ne pas être tué.....

Me MENARD. — Je n'ai rien dit qui puisse justifier la colère et l'indignation de mon confrère. Quand je serai attaqué, je me défendrai comme je pourrai ; je ne l'ai pas encore été. La seule remarque que je fais, c'est que Grégori visant à la poitrine et cherchant à atteindre le cœur, a atteint le bras droit.

R. — Parfaitement, parce que le commandant Dreyfus étant en face de Grégori, a relevé son bras pour se protéger.

Me MENARD. — Il avait porté son cœur à droite. (Rires.)

R. — On se protège comme on peut, surtout quand on est dans une foule.

M. Grégori (*au témoin.*) —Vous n'avez rien vu du tout, et vous avez voulu vous faire une réclame à l'audience, voilà tout ! (*Explosion de rires dans l'auditoire.*)

Le Témoin. — Je n'ai eu nullement l'intention de me faire une réclame. Si j'ai demandé à être cité comme témoin, c'est que justement par la position que j'occupais sur l'estrade, à côté de M. le procureur de la République, j'avais très bien pu voir ce qui s'était passé au-dessous de moi.

M. Grégori. — Cela me suffit amplement, je suis extrêmement satisfait.

M. Smol Yzansky, étudiant en médecine, a vu Grégori tirer, mais « sans pouvoir dire comment et à quelle distance. »

M. Grégori demande au témoin s'il est français.

R. — Mais oui !

M. Grégori. — C'est que vous avez un nom si difficile à prononcer ! (On rit).

Après les dépositions de MM. Desmoulin, graveur, et Abeniacar, ce dernier, photographe, confirmant avoir vu Grégori au Panthéon sur le point de sortir par la porte de la rue d'Ulm, l'huissier appelle les témoins cités par la défense, et le premier, le commandant Le Brun-Renaud.

Le Commandant Le Brun-Renaud

L'entrée du commandant Le Brun-Renaud se présentant à la barre fait sensation. Dans toute la force de l'âge, le témoin qui reçut les aveux de Dreyfus le 5 janvier 1895 avant la dégradation, et qui n'a jamais varié dans les termes et dans le fond de son témoignage, paraît, comme on dit, solide au au poste.

M. Grégori. — Je voudrais demander à M. le commandant Le Brun-Renaud si sa déposition du 5 janvier 1895, publiée en première page, le soir même par le journal *Le Temps*, qui en avait contrôlé les termes et le fond d'une façon absolue, si cette déposition il la maintient toujours, je parle de sa déposition sur les aveux faits ce jour-là, avant la dégradation, par Alfred Dreyfus.

R. — Cette déposition.....

Le Président. — Non, attendez, cela n'est plus le procès.

M. Grégori. — Si, je vais m'expliquer. Mon acte, dont je ne me glorifie pas autrement, se rattache à une conviction technique, professionnelle et militaire ; du moment que cette preuve m'est rapportée par le journal *Le Temps* et que, par mon enquête personnelle, je sais qu'à ce moment un capitaine comme M. Le Brun-Renaud, aujourd'hui commandant, a rapporté, à une époque où il n'y avait ni pressions, ni troubles, ni [aucune tendance à droite ou à gauche, les aveux de Dreyfus, ces aveux ont existé, ils existent toujours. Comme il s'agit de démontrer à MM. les jurés que, dans cette affaire, ma conviction a été mathématiquement établie par des faits, par des dates et par des constatations formelles, *il est indispensable*, pour que MM. les jurés s'expliquent mon acte, *que M. le commandant Le Brun-Renaud puisse dire si oui ou non il maintient intégralement sa déposition du 5 janvier 1895*, ou, s'il ne la maintient pas, comme l'arrêt de la Cour de cassation de 1906 a semblé l'indiquer.

Je n'ai jamais vu M. Le Brun-Renaud, mais je sais que quand un officier de son grade affirme quelque chose, c'est la vérité la plus exacte possible.

D. — Vous avez dit ce que vous avez voulu dire, vous l'avez dit en très bons termes et comme étant l'expression, qui me paraît très légitime, de votre défense ; vous avez une conviction, je ne cherche pas à vous empêcher de l'avoir. Cette conviction a dicté votre attentat, rien n'est plus légitime que vous le disiez ici. Vous avez dit ce que vous aviez à dire sur ce point, c'est parfait. Mais quand à poser la question au témoin, c'est autre chose..... (*Rumeurs dans l'auditoire.*) J'entends avoir du silence ; si des manifestations se produisent, je ferai évacuer la salle.

M. Grégori. — Voilà le premier de mes témoins qui se présente : c'est une déclaration presque solennelle qui doit être faite devant les jurés de la Seine de cette question des aveux, qui a été si longuement controversée. Il y a eu deux témoins qui ont recueilli les aveux : le capitaine d'Attel et le capitaine Le Brun-Renaud. M. Le Brun-Renaud est ici ; il faut qu'on sache si c'est une invention, ou si ce fait, rapporté le soir même par le *Temps*, le mieux renseigné de tous les journaux, est un fait authentique, définitif et formel. La seule question à poser à M. Le Brun-Renaud n'est pas longue, c'est la suivante : « Maintenez-vous toujours votre déposition du 5 janvier 1895 ? »

D. — Non, je ne poserai pas la question. Entendons-nous bien, je vous ai dit tout à l'heure d'une façon bien nette : nous sommes ici pour vous juger, je trouve légitime que vous fassiez connaître quels ont été les mobiles de votre crime, mais ce n'est pas une raison pour recommencer le procès Dreyfus.

M. Grégori. — Ce n'est pas le procès Dreyfus dont il s'agit, c'est du mien.

D. — Mais vous ne pouvez, sous prétexte que vous avez commis une infraction à la loi, — je ne la qualifie pas pour ne rien exagérer, — vous ne pouvez, sous ce prétexte, venir vous faire un droit de recommencer une affaire qui est définitivement et irrévocablement jugée. Si M. Le Brun-Renaud répondait à la question que vous lui posez, il rentrerait dans une polémique qui est close, absolument close, irrévocablement close. Je ne poserai donc pas la question. Me Menard, vous pouvez prendre des conclusions, si vous voulez.

Me Menard. — Je voudrais poser au témoin une seconde question : Est-ce que dans une réunion publique récente et très importante, le commandant Le Brun-Renault n'a pas fait des déclarations qui ont une gravité exceptionnelle ? Est-ce qu'il peut répéter ici ces déclarations ?

D. — Vous tournez autour de la question pour la poser différemment ?

Me Menard. — La question est bien simple. Vous disiez tout à l'heure que l'affaire Dreyfus était définitivement close.....

D. — Au point de vue juridique.

Me Menard. — Au point de vue juridique, mais elle n'est pas close pour M. Grégori, elle n'a jamais été close pour lui, il estime que l'arrêt de la Cour de cassation n'a pas modifié son opinion.

D. — C'est son droit.

Me Menard. — S'il avait eu cette conviction, il ne serait pas allé au Panthéon armé de son revolver et il ne se serait pas livré à l'acte qui lui est reproché aujourd'hui, et il ne suffit pas qu'il vienne devant la Cour affirmer : « J'avais une conviction, cette conviction m'est venue la nuit en entendant chanter le rossignol. » Non, il faut qu'il dise, il a le droit de dire et on a le devoir de lui laisser dire dans quelles conditions et à la suite de quels éléments cette conviction s'est faite ; il a le droit de dire: « C'est parce que M. Le Brun-Renaud a affirmé avoir reçu des aveux de M. Dreyfus, c'est parce que tels et tels autres témoins peuvent apporter des preuves, que moi j'ai cru à cette culpabilité. » Il faut qu'il justifie non pas cette culpabilité, mais sa croyance dans la culpabilité. Je vous demande donc respectueusement, M. le Président, de poser les questions que réclame Grégori.

D. — Je voudrais tâcher de vous donner pleine satisfaction, mais à la condition de ne toucher en rien à la discussion de l'affaire Dreyfus.

Me Menard. — Nous ne nous occupons pas de l'affaire Dreyfus, nous ne nous préoccupons que des éléments qui ont fait la conviction de M. Grégori.

D. — Je ne sais, quant à moi, à quelle réunion publique vous faites allusion.

M. Grégori. — Mais le commandant Le Brun-Renaud le sait.

D. — Alors, je vais poser une question.

(*Au témoin*) : Pouvez-vous répondre à la question qui vous est posée sans rentrer dans la question des aveux ou non-aveux faits par M. Dreyfus, à raison desquels vous avez été entendu par vos chefs hiérarchiques, à l'occasion desquels vous avez déposé devant le Conseil de guerre, et à l'occasion desquels vous avez été entendu dans le procès en revision. Si en répondant à la question qui vous est posée, vous devez rentrer dans ce débat, je ne vous pose pas cette question et je ne veux pas qu'il y soit répondu. Maintenant, si pour des faits personnels, cela est tout à fait en dehors du procès Dreyfus, je ne peux vous empêcher de répondre.

Le Commandant Le Brun-Renaud. — Dans une réunion tenue à la salle Wagram.....

D. — A quelle époque ?

R. — L'année dernière.

D. — Depuis la Révision ?

R. — *Oui. Dans une réunion tenue à la salle Wagram, j'ai répété la déposition que j'avais faite ici à Paris devant la Chambre criminelle de la Cour de cassation et que j'avais faite à Rennes devant le Conseil de guerre. Ce sont les termes identiques. Ces deux dépositions sont aux minutes des greffes de ces deux juridictions. Je suis prêt à les répéter, si on me le demande* (1).

---

(1) Voici les déclarations du commandant Le Brun-Renaud, à la salle Wagram, devant des milliers de spectateurs, le 19 Janvier 1907 :

« Mesdames, Messieurs,

» C'est la première fois que je suis appelé à parler en public de l'Affaire » Dreyfus, et je suis heureux de le faire devant un auditoire aussi nombreux » et aussi sympathique.

» Permettez-moi donc de vous remémorer simplement les paroles tex- » tuelles que j'ai recueillies de la bouche du capitaine Dreyfus le 5 Jan- » vier 1895, quelques minutes avant sa dégradation, et qui ont fait l'objet » de ma déposition devant le Conseil de Guerre de Rennes le 31 Août 1899.

» Ces paroles, les voici :

« *Je suis innocent ; dans trois ans on reconnaîtra mon innocence. Le* » *ministre le sait ; il me l'a fait dire, il y a quelques jours, dans ma cellule, par* » *le commandant du Paty de Clam. Il sait que* **si j'ai livré à l'Allemagne** » **des documents, ils étaient sans importance et que c'était** » **pour en obtenir de plus importants.** »

« Ces propos, ou, si vous le préférez, ces aveux ont été également en- » tendus par le capitaine d'Attel qui, comme moi, les a rapportés immédia- » tement à plusieurs officiers présents dans la cour de l'École militaire. Il est » fort regrettable que cet officier, quelques mois après, soit mort si subite- » ment et si mystérieusement, car il serait venu ici même confirmer la sincé- » rité de mon témoignage. »

D. — Non, non, je ne vous le demande pas. J'ajoute qu'elles sont plus qu'aux minutes des greffes, elles sont consignées, répétées dans leur essence, dans l'arrêt même.

M. GRÉGORI. — Elles sont supprimées dans l'arrêt de la Cour de cassation, et nous lirons les considérants de l'arrêt qui suppriment les affirmations du commandant Le Brun-Renaud.

D. — Le témoin vient de répondre d'une façon nette que ce qu'il avait dit dans cette réunion, c'est ce qu'il avait déjà dit dans le procès. Par conséquent, si nous lui demandons de répéter ce qu'il a dit, c'est lui demander de répéter ce qu'il a dit lors de l'affaire Dreyfus.

M. GRÉGORI. — Cependant, si on ne le demande pas à M. Le Brun-Renaud, on ne manquera pas de dire que ses dépositions comme ma conviction sont artificielles. Il faut que l'une et l'autre soient justifiées et deux mots de M. Le Brun-Renaud vont les justifier.

D. — Non, je ne poserai pas la question.

Protestation d'Alfred Dreyfus

M. Alfred DREYFUS. — *La Cour de cassation a solennellement proclamé mon innocence.....* (Huées dans la majeure partie de la salle. — Quelques applaudissements. — Bruit prolongé.)

Le commandant Le Brun-Renaud se retourne pour regarder fixement Dreyfus qu'il ne quittera pas des yeux jusqu'à la fin de l'incident].

D. — Je répète que M. Le Brun-Renaud vient de nous faire savoir que ce qu'il avait dit dans une réunion, est ce qu'il avait déjà dit dans ses dépositions ; par conséquent, si nous lui demandions de le répéter aujourd'hui, nous lui demanderions de rentrer dans l'affaire Dreyfus ; c'est pourquoi je ne lui poserai pas la question.

Avez-vous une autre question à poser au témoin ?

M. GRÉGORI. — En deux mots, sans entrer dans les déclarations antérieures, M. Le Brun-Renaud maintient-il ou non ses dépositions ?

M. L'AVOCAT GÉNÉRAL. — Il l'a dit tout à l'heure.

M. GRÉGORI. — Mais il est bon qu'il le répète.

D. — Je ne poserai pas la question.

Conclusions de Mᵉ Joseph Menard

Mᵉ MENARD. — J'ai l'honneur de déposer les conclusions suivantes :

« Plaise à la Cour,

» Attendu que Le Brun-Renaud, témoin assigné à la requête de la défense, et régulièrement notifié au ministère public, s'est présenté à la barre et a prêté serment de dire toute la vérité ;

» Attendu que l'accusé Grégori a posé les questions suivantes :

» La déposition du 5 janvier 1895, publiée par le journal *Le Temps* est-elle exacte ?

» M. Le Brun-Renaud a-t-il parlé dans une réunion ? Qu'y a-t-il dit ? »

» Attendu que ces questions répondent directement à l'inculpation portée contre Grégori, dont l'acte ne s'expliquerait pas sans sa conviction absolue de la culpabilité d'un individu qui aurait fait des aveux ;

» Par ces motifs :

» Dire et juger que ces questions seront posées au témoin Le Brun-Renaud. »

Je répète devant la Cour que, pour ma part, je n'ai pas — et tous ceux qui me connaissent savent l'attitude que j'ai eue dans ces questions — la volonté ni l'intention de discuter ici l'arrêt rendu par la Cour de cassation. Ma robe, à défaut d'autre sentiment, me l'interdirait ; mais j'ai le devoir absolu, j'ai le droit absolu de tout faire pour que l'acte de cet homme soit expliqué. J'ai le devoir de rappeler que lorsqu'un autre président de Cour d'assises disait : « La question ne sera pas posée », tout le monde se disait : « Il ne se peut pas que les questions nécessaires ne soient pas posées. » J'ai le devoir de croire que ce qui était la vérité autrefois est encore aujourd'hui la vérité. Si la vérité fait éclater l'innocence, tant pis pour celui qui aura tant souffert d'avoir été injustement condamné. J'ai le devoir de rappeler que la justice est une pour tous, qu'elle doit à tous la protection. (*Applaudissements.*)

D. — J'ai indiqué que je ne tolèrerai aucune manifestation, Gardes, faites évacuer la salle.

Les gardes font évacuer la salle et spécialement le public debout.

L'audience est suspendue pendant quelques minutes.

Mᵉ MENARD. — Personne plus que moi ne déplore l'incident

qui vient de se produire. Vous me rendrez cette justice que l'avocat de Grégori n'avait rien fait pour le susciter.

Il n'en est pas moins vrai que demain, on va dire que l'avocat de Grégori, par ses violences, a amené l'évacuation de la salle.....

Laissez-moi seulement vous dire que mon attitude n'a créé aucun incident.

Je reviens à mes conclusions...

D. — Ne plaidez que sur vos conclusions,

Mᶜ MENARD. — Je commence en disant : « Je reviens à mes conclusions », et vous m'interrompez ! Je reviens aux conclusions que j'avais déposées ; je voudrais les soutenir, sans soulever aucun éclat et aucune passion : j'estime que la justice a besoin de calme ; je ne suis point de ceux qui ont aimé le tapage autrefois dans ce palais ; j'entends encore, sous ces voûtes, les cris qui étaient poussés alors au moment de l'Affaire, que l'arrêt de cassation a définitivement close, a dit M. le président. Je ne suis pas de ceux qui ont besoin de bruit et qui cherchent de la réclame, mais j'ai un devoir à remplir, et je veux le remplir.

Je disais que nous estimons tous, amis et adversaires, à quelque idée que nous soyions rattachés, soit dans les discussions politiques, soit devant la justice, nous estimons tous que la vérité ne se fait jour complètement que lorsque toutes les questions sont posées ; je disais que nous n'aimons pas entendre prononcer ces mots contre lesquels mes adversaires d'aujourd'hui ont protesté autrefois avec tant de violence : « La question ne sera pas posée ! » Il n'y a pas de question qu'on ne puisse poser, il n'y a pas d'interrogation qu'on ne puisse faire, il n'y a pas de rayon de lumière qu'on n'ait le devoir de venir faire luire jusque devant le jury, on n'a pas le droit d'empêcher la lumière de luire. Je ne veux pas discuter l'affaire Dreyfus. M. Dreyfus, coupable ou innocent, est un homme qui a expié et pour lequel j'éprouve surtout une pitié profonde. Il ne s'agit point de refaire ici le procès Dreyfus ; vous n'avez à juger que M. Grégori. Mais, si M. Grégori vous dit : « J'ai tiré sur M. Dreyfus, parce que je considère comme un scandale qu'il continue à se promener libre et triomphant, parce que je ne voulais pas qu'une sorte de triomphe soit fait autour de lui, parce que je considérais l'apothéose de Zola comme mauvaise, parce que la réhabilitation de Dreyfus est pour moi comme un dol », si M. Grégori apporte cette affirmation, et que vous lui opposiez le monument de jurisprudence qui s'appelle l'arrêt de la Cour de cassation, que deviendra M. Grégori, n'ayant que ses affirmations en face de cet arrêt mûrement rédigé et savamment écrit ? C'est pourquoi il vous dit : « La partie n'est pas égale. »

Cet homme à qui vous opposez l'arrêt de la Cour de cassation, il a le droit de vous dire pourquoi il ne croit pas, lui, à ce qu'affirme cet arrêt de Cour de cassation, il a bien le droit d'essayer de déduire ici devant vous les éléments de sa conviction. Sa conviction est celle de l'accusé qu'on a failli tuer, c'est celle d'un pauvre diable qui a trois mois de cellule. L'arrêt de cassation est une œuvre considérable, il ne le nie pas, mais il vous dit : « Il y a d'autres éléments qui ont entraîné ma conviction. » Il y a le commandant Le Brun-Renaud qui a dit telles et telles choses, et c'est sur les affirmations de M. Le Brun-Renaud que se base ma conviction. Il y a ce qu'a dit M. du Paty de Clam, il y a ce qu'a dit M. le capitaine Cuignet, il y a ce qu'ont dit les autres témoins qui ont été cités.

Tous ces personnages ne sont point forcés d'avoir la même opinion que les magistrats de la Cour suprême ; ils ont exprimé leur opinion, ils ont essayé de faire qu'elle soit celle de beaucoup de leurs concitoyens, ils ont essayé de passer dans l'âme des autres la conviction qui était la leur. M. Grégori a peut-être été une de leurs victimes. Je dis peut-être, parce qu'il a été séduit, parce qu'il a cru aux affirmations et aux preuves qui lui ont été données : ces preuves lui ont semblé définitives.

Aujourd'hui, il vient vous dire : Laissez-moi vous apporter ces preuves, ces arguments, vous les pèserez et vous les briserez comme verre s'ils vous paraissent fragiles ; mais, en tout cas, voilà de quoi mon opinion s'est faite, c'est ma conviction, c'est ma certitude. On laisse toujours au criminel le droit de dire pourquoi il a commis son crime.

D. — Tout ce que vous avez dit, je l'avais déjà dit, moins éloquemment, en disant à l'accusé : « Ce qui est votre conviction, il est légitime que vous le disiez, mais il ne faut pas rentrer dans l'affaire Dreyfus. »

Mᵉ MENARD. — Je ne veux rentrer que dans les éléments qui ont formé la conviction de Grégori. Je n'entends pas démontrer ici que Dreyfus est coupable, mais je veux montrer que Grégori a cru à la culpabilité de Dreyfus.

D. — Je ne comprends pas vos conclusions, étant donné que vous les avez posées au moment même ou M. Le Brun-Renaud a déclaré qu'il maintenait ce qu'il avait dit précédemment.

Mᵉ MENARD. — Non, ce n'est pas cela. Si, à ce moment, je m'étais levé pour dire à M. Le Brun-Renaud : « Vos déclarations sont bien celles-ci..... », vous m'auriez arrêté. Il est inutile de dire à MM. les jurés que M. Le Brun-Renaud maintient ses déclarations si MM. les jurés ne connaissent pas la teneur de ces déclarations.

D. — M. l'Avocat général, avez-vous des observations a présenter ?

M. L'Avocat général. — Je m'en rapporte à la Cour.

D. — Et vous, M. Grégori, avez-vous quelque chose à dire au sujet de l'incident ?

M. Grégori. — Je ne demande pas au témoin une déposition minutieuse et complète comme M. Le Brun-Renaud en a fait une dans d'autres débats, et à l'un de nos plus estimés confrères, M. Adolphe Brisson, du *Temps*, en août 1899, au moment du procès de Rennes ; mais je lui demande une réponse succincte, dans le sens de la communication du *Temps* qui tient en cinq lignes : A telle date, dans telles conditions, qu'on appelle cela des aveux ou des déclarations, Alfred Dreyfus qui, certes, n'avait pas à se plaindre de mes procédés dans cette circonstance tragique, m'a dit : « *Si j'ai livré des documents à l'Allemagne, c'était pour en avoir de plus importants.* » Je demande simplement que M. Lebrun-Renault dise : « Oui, il a dit cela. »

La Cour se retire pour délibérer. L'audience est suspendue.

A la reprise de l'audience, la Cour rend un arrêt rejetant les conclusions de M. Grégori.

M. Grégori. — Je suis extrêmement embarrassé de savoir quelle justification désormais fournir au jury, si je suis mis dans l'impossibilité absolue de faire toucher à MM. les jurés d'une façon formelle et scientifique, d'après les témoignages recueillis dans l'affaire, les éléments constitutifs de ma conviction. Dans ces conditions, les débats doivent être immédiatement clos, et il n'y a qu'à me condamner.

D. — Je vous ai depuis le commencement de l'audience déclaré dans les termes les plus calmes que vous pouviez dire tout ce qui était votre conviction. Nous ne vous demandons pas de venir dire que vous avez changé d'avis, vous gardez votre conviction sur la culpabilité de Dreyfus. Je vous ai dit tout cela.

M. Grégori. — Je le reconnais, mais comment séparer un acte des mobiles de l'acte ? Ce sont les mobiles de l'acte qui me feront condamner ou absoudre : l'acte en lui-même n'est rien, ce sont les mobiles de l'acte qui l'expliquent.

Me Menard. — On vous a répondu : « La question ne sera pas posée. » C'était comme cela il y a quelques années, la jurisprudence est restée la même.

Le Président. — Je ne puis vous laisser dire cela.

Me MENARD. — A ce moment, il y avait un arrêt du Conseil de guerre. Sous prétexte de le faire respecter, on disait : « La question ne sera pas posée. » De même, aujourd'hui, pour faire respecter

GRÉGORI ÉCOUTE LA DÉPOSITION DES TÉMOINS

Au banc de la défense, et au milieu, M⁰ Faye, secrétaire de M⁰ Menard

l'arrêt de la Cour de cassation, on répète : « La question ne sera pas posée. »

D. — A cette époque, il n'y avait pas un arrêt de cassation ayant clos définitivement un procès, qui aujourd'hui ne peut être rouvert.

Me MENARD. — Mais il y avait à ce moment un arrêt du Conseil de guerre passé en force de chose jugée, et c'est pour le faire respecter qu'on disait: « La question ne sera pas posée. » On le dit encore aujourd'hui pour faire respecter une décision nouvelle. Comme avocat, j'ai l'habitude de m'incliner devant les arrêts de la Cour de cassation, mais j'ai le droit de signaler que nous sommes au même point qu'il y a quelques années.

D. — L'incident n'aurait pas dû se produire au sujet d'une déposition, mais au moment où M. Grégori aurait voulu donner un développement à ces dépositions.

La nuit porte conseil ; si demain, M. Grégori, vous voulez dire quelles sont vos convictions, qu'elles sont sincères, que vous n'avez pas eu d'autres mobiles que celui d'avoir toujours cru sincèrement, malgré l'arrêt de la Cour de cassation, à la culpabilité de M. Dreyfus, vous le direz, vous le développerez devant MM. les jurés. C'est là votre défense ; mais que vous vouliez rentrer dans un débat qui est clos en me faisant poser certaines questions à un témoin, c'est une chose qui n'était pas possible, car l'autorité de la chose jugée est faite pour rendre le calme au pays sur une question qui l'a trop agité. Nous ne rouvrirons pas ce débat.

Me MENARD. — La Cour de cassation est un mur qui nous empêche de passer. Cela nous rajeunit de dix ans.

M. GRÉGORI. — Je veux prouver la valeur de ma conviction sans faire aucun scandale; pour cela il est essentiel de ne pas séparer un acte de ses mobiles.

D. — Rien ne vous empêche d'indiquer les motifs de votre crime. Je ne voudrais pas faire une comparaison qui puisse vous blesser, mais si je fais appel à un souvenir de cette session, je me souviens qu'un homme était poursuivi ici qui s'était livré à une tentative de meurtre sur sa femme parce qu'il avait une croyance qui touchait à ses plus chers intérêts. Il a établi qu'il le croyait, cette croyance suffisait.

Me MENARD. — Oui, mais s'il avait cité des témoins pour établir l'indignité de sa femme, vous les auriez entendus.

D. — A moins qu'il n'y eût un arrêt de cassation qui s'y opposât.

L'audience est levée.

DEUXIÈME JOURNÉE
Vendredi 11 Septembre 1908

L'audience est ouverte à midi 20.

M. LE PRÉSIDENT. — Je voudrais bien aujourd'hui que les incidents d'hier au soir ne se reproduisent pas. Je ne voudrais pas toujours répéter les mêmes mots ; mais j'ai été forcé de faire évacuer la salle hier et je n'hésiterais pas à le faire de nouveau si les mêmes incidents se produisaient ; je le ferais même peut-être un peu plus tôt si l'animation qui s'est manifestée hier se manifestait aujourd'hui de bonne heure.

Monsieur l'Audiencier, voulez-vous faire l'appel des témoins qui n'ont pas été entendus hier ?

SUITE DES TÉMOINS

L'huissier-audiencier procède à l'appel des témoins qui n'ont pas encore été entendus : MM. Pozzi, Berteaux, du Paty de Clam, Édouard Lecoq, Biétry, Massard, Henri Rochefort, Ferlet de Bourbonne, Drouilly, Rousselle, Delacherie, Jourich, et de Montebello.

M. de Montebello ne répond pas à l'appel de son nom. Me Menard fait connaître qu'il a envoyé une lettre.

M. Massard, qui n'est pas encore présent à l'audience, a télégraphié hier de Genève qu'il se présenterait aujourd'hui.

L'accusé fait connaître qu'il renonce à la déposition de M. Drouilly, son confrère du *Gaulois* « qu'il avait fait appeler pour avoir de lui quelques faits relatifs au 3 juin ». Il le remercie de s'être dérangé.

M. LE PRÉSIDENT. — Monsieur Grégori, depuis hier, avez-vous songé à faire venir d'autres personnes que vous voudriez que je fasse entendre en vertu de mon pouvoir discrétionnaire ? S'il s'en trouve dans la salle, vous n'avez qu'à me prévenir, on les fera passer dans la salle des témoins, et je les entendrai sans qu'ils prêtent serment, en vertu de mon pouvoir discrétionnaire.

M. le Professeur Pozzi

D. — Veuillez vous tourner du côté de MM. les jurés et faire votre déposition.

LE TÉMOIN. — Je me trouvais au Panthéon, le 4 juin, avec mes collègues de l'Académie de Médecine qui faisaient partie de la délégation. Je m'étais avancé, à la fin de la cérémonie, plus que mes collègues, afin de me trouver à côté de mon frère député, ce qui fait que je suis sorti un des premiers. Au moment où je m'engageais dans l'allée conduisant à la sortie, j'entendis deux coups de feu et je vis se produire un grand brouhaha. Je me suis précipité instinctivement, lorsqu'on me dit que le commandant Dreyfus était blessé.

J'étais à quelques pas de Dreyfus, je m'approchai et lui demandai : — Où êtes-vous blessé ? Il me répondit : — Je crois que c'est au bras. Je lui dis : — Il faut immédiatement sortir afin de vous panser..... Il était impossible de savoir quelle était la gravité de la blessure et il faut toujours en pareil cas mettre les choses au pis ; il pouvait y avoir une lésion d'un vaisseau on d'un os, et il fallait l'immobiliser et porter remède aux accidents primitifs. Je pris le commandant Dreyfus avec moi et le fis sortir par la porte latérale du côté de la Mairie. *Je lui soutenais le bras un peu élevé, au cas d'hémorragie. Je vis que sa manchette était souillée de sang.* Je lui demandai : — Souffrez-vous ? — Non, mais je sens un engourdissement dans le bras.

On n'a pas beaucoup remarqué notre sortie. Nous sommes arrivés à la Mairie dont j'ai fait fermer les portes. J'étais accompagné de mon collègue, M. Léon Bernard, médecin des hôpitaux, qui se trouvait également là, et par mon frère député et médecin. Quoi qu'il y eût une douzaine de personnes dans la salle, nous avons pu procéder au pansement immédiat. J'ai coupé la manche et nous avons pu voir alors qu'il existait une blessure au niveau de la face dorsale de l'avant-bras droit. Cette blessure avait tout les caractères d'une plaie dite pénétrante, c'est-à-dire intéressant la peau ; elle était d'aspect noirâtre et le sang s'en écoulait par un filet qui avait abondamment souillé la manchette. Je m'assurai que les os n'étaient pas fracturés ; je vis qu'il n'y avait pas d'orifice de sortie, qu'il n'y avait pas d'accident immédiat. Il s'agissait donc de faire l'occlusion aseptique de la plaie pour éviter l'infection et de reconduire le commandant Dreyfus chez lui. Un jeune médecin colonial qui était là en costume, voulut bien aller chercher les objets de pansement chez un pharmacien ; de la gaze iodo-formée, des antiseptiques, etc. Je fis un lavage. A ce moment, quelqu'un me demanda : — Vous n'essayez pas d'enlever la balle ? Je dis : — Si la balle y est, il sera temps de l'enlever plus tard. Il faut s'assurer si elle y est, et nous n'avons pas ici les moyens de faire cette recherche soit en sondant, ce qui eût été dangereux, soit par les rayons X.

J'avais envoyé chercher mon automobile qui était voisine et j'y fis monter le commandant avec Mme Dreyfus qui était d'un calme si parfait que je demandai : — Quelle est cette dame ? Est-elle parente du blessé ? On me dit : — C'est sa femme..... L'un et l'autre étaient d'un calme absolu.

Je demandai au commandant Dreyfus : — Avez-vous vu comment vous avez été blessé ? Il me dit : — J'ai entendu une détonation par derrière moi ; je me suis retourné, et instinctivement, voyant que j'étais visé, j'ai placé mon bras pour me protéger..... Le commandant Dreyfus était beaucoup plus ému de ce qu'il avait été frappé par derrière que de ce qu'il avait été frappé même. Il me dit : — C'est une lâcheté de m'avoir frappé par derrière, et il le répéta plusieurs fois.

La balle, ainsi que nous le vîmes par l'examen aux rayons X, avait pénétré dans la peau qui était détruite, mais elle n'était pas restée dans la blessure. Il s'était produit ce qui se produirait si on tirait contre un mur recouvert d'une tapisserie ; la tapisserie serait percée, mais la balle ne pénétrerait pas dans le mur.

Nous fîmes une injection antitétanique, de façon à éviter tout accident.

Tout se passa avec simplicité et, au bout de trois semaines, la cicatrisation était complète. Mais, pendant plusieurs jours, la plaie avait été béante, il y avait eu une petite escarre, une partie mortifiée qui s'était détachée, comme cela arrive lorsque la peau a été intéressée.

M. Grégori. — Je demanderai au témoin, uniquement pour faire concorder sa déposition avec ce que j'ai dit hier, comment, ayant été frappé par derrière, M. Alfred Dreyfus a pu ensuite se retourner et mettre son bras sur la poitrine, de façon à ce que je fusse nécessairement par devant.

Seconde question : Si j'ai bien compris la déposition, *le sang avait coulé abondamment sur la manchette*. Il me semble — je n'apporte là aucune prétention de thèse — que si le bras avait été relevé pour protéger la poitrine, *le sang se serait répandu du côté du coude*.

Donc, je veux simplement inférer de cette déposition que

j'étais dans le vrai et que ma thèse consistant à dire que le bras, au lieu d'être sur la poitrine, était latéral au corps, ce qui a amené *cette descente du sang sur la manchette*, est exacte.

L'embarras de M. le docteur Pozzi (coréligionnaire de Dreyfus) est visible.

R. — Cela me permet de compléter une partie de ma déposition que j'avais omise par inattention. Au moment où je fus appelé auprès du commandant et où j'examinais sa blessure, j'avais tâté tout le membre, il ne ressentait aucune douleur. Nous étions pressés d'ailleurs de le soustraire à la curiosité de la foule, si bien qu'il fut amené chez lui. Nous pensions qu'il n'avait reçu qu'une seule balle; c'est en le déshabillant qu'on s'aperçut qu'il avait une éraflure à la partie externe du bras, non pas de l'avant-bras, qui correspondait bien à ce que disait le commandant qu'une première balle avait été tirée, par derrière ou non, je n'en sais rien, je ne veux faire dire aux faits que ce qu'ils peuvent dire eux-mêmes. Une première balle avait été tirée et n'avait fait qu'effleurer le bras, cela ne constituait pas une blessure véritable.

Le Président. — A-t-il été répondu complètement à la question ?

M. Grégori. — *Non*. Le témoin a dit que la version de M. Dreyfus était qu'il avait été frappé par derrière ; mais il me semble ressortir de sa déposition que la première blessure ne comportait pas un coup tiré par derrière, mais un coup tiré obliquement. Je maintiens quant à moi que le coup a été tiré obliquement. Le second point, c'est que je maintiens que *jamais le commandant ne s'est retourné* et n'a mis son bras sur la poitrine.

D. — Le témoin a répondu sur la première question.

M. Grégori. — Oui, sauf que je n'ai pas tiré par derrière.

D. — C'est de la discussion, nous verrons cela plus tard; voyons la seconde question.

Le Témoin. — *C'était surtout la manchette qui était abreuvée de sang; mais le commandant à ce moment avait le bras pendant, c'est moi qui lui ai levé le bras* en le comprimant légèrement avec ma main de façon à éviter les mouvements qui auraient pu être néfastes pour un bras fracturé. On ne peut donc rien inférer de ce fait. Je n'ai vu ni l'accusé, ni le commandant Dreyfus, avant la blessure, mais seulement après. Ce que je veux indiquer, c'est que le commandant Dreyfus immédiatement m'a dit : « On a tiré par derrière » ; il avait l'air fort indigné de cela, j'ai trouvé cela crâne de sa part.

M. Grégori. — Seulement, je proteste, je n'ai pas tiré par derrière.

R. — Je ne peux rien dire à ce point de vue, je répète simplement ce que m'a dit le commandant. Il me l'a dit aussitôt, dans les deux ou trois minutes qui ont suivi l'attentat.

D. — Monsieur Grégori, remarquez bien qu'un détail sur lequel vous insistiez hier, à savoir que la manchette avait été abreuvée de sang, M. le docteur Pozzi vient de vous dire qu'il ne voulait rien en inférer.

M. Grégori. — Dans un sens ou dans l'autre ; *mais j'en infère, moi, que pour cela, il fallait que le bras fût pendant.*

D. — Il se peut que le bras ait été pendant après la blessure faite.

M. Grégori. — C'est une hypothèse, seulement je maintiens ma version.

M. Maurice Berteaux, Député

M. Grégori. — Monsieur le Président, je vous prie de demander à M. Maurice Berteaux, que j'ai eu l'occasion fréquente de voir, et comme ministre de la guerre et comme camarade de notre Association d'anciens élèves du lycée Charlemagne, si, au mois de mai dernier, où j'avais l'occasion de le rencontrer en soirée, à l'ambassade ottomane, il s'est fait un plaisir de me rappeler, à propos des questions militaires, que j'avais été le promoteur de l'introduction de l'outil portatif de 1905 à 1906, comme suite de mes campagnes de presse militaire. N'a-t-il pas constaté qu'en dehors de toute opinion politique, sur le terrain technique, et sur celui des intérêts de la défense nationale, j'étais un publiciste dévoué aux intérêts de cette défense nationale ?

R. — J'ai, en effet, eu l'occasion de recevoir, lorsque j'étais ministre de la guerre, un certain nombre de fois M. Grégori, comme je recevais d'ailleurs tous les journalistes militaires qui me demandaient audience. M. Grégori, à différentes reprises, a attiré l'attention du ministre de la guerre d'alors sur les questions qui lui paraissaient intéresser au plus haut degré la défense nationale. Parmi ces questions, il est parfaitement exact que M. Grégori a appelé mon attention sur la question des outils portatifs et sur l'emploi qu'on en faisait dans certaines armées étrangères. Je dois ajouter, pour dire toute la vérité, que c'était un témoignage qui venait corroborer d'autres indications que le ministre de la guerre avait par d'autres moyens, comme c'était son devoir.

M. Grégori m'a demandé s'il était exact que j'ai toujours constaté qu'il était un journaliste militaire très attaché à ses fonctions. Je réponds très volontiers qu'il est exact que j'ai constaté que M. Grégori était un journaliste militaire qui s'occupait avec beaucoup de soin de ses fonctions. Il m'a demandé d'attester qu'il ne mettait point de passion politique dans l'exercice de sa profession, je l'atteste également bien volontiers; et j'ajoute, pour dire la vérité tout entière, que j'ai été très étonné, le connaissant, l'ayant vu plusieurs fois, de l'acte qu'il a commis.

M. Grégori. — Je n'ai qu'à remercier M. le député et mon ancien camarade d'avoir constaté les faits que je voulais faire porter à la connaissance de MM. les jurés.

Me Menard. — La défense adresse à M. Berteaux son plus reconnaissant merci et rappelle à d'autres hommes politiques que l'ancien ministre de la guerre qui vient de déposer à cette barre, est de ceux qui savent obéir aux réquisitions de la loi.

Le Lt-Colonel du Paty de Clam

De haute mine, la démarche raide et décidée, le remarquable officier, qui fut en en butte à toutes les attaques de Zola et de la presse dreyfusiste, excite un vif mouvement de sympathique curiosité.

Le Témoin. — Messieurs les Jurés, je ne pense pas que M. Grégori m'ait fait appeler pour vous parler des faits qui se sont passés au Panthéon où je n'étais pas. Je pense ne pas non plus qu'il m'ait fait appeler ici pour vous raconter l'affaire Dreyfus : ce n'est ni le lieu ni le moment. Je pense donc qu'il m'a fait appeler pour vous dire les raisons qui, à mon avis, peuvent expliquer l'acte dont il a à répondre devant vous.

Messieurs, en examinant la pénible affaire, qui a agité la France depuis si longtemps, M. Grégori n'a pas tardé à s'apercevoir que dans cette affaire autour de laquelle a gravité toute notre politique, autour de laquelle elle gravite encore et gravitera encore longtemps, que dans toute cette affaire, le public, c'est-à-dire la nation, n'a jamais réussi à percer le mystère dont on l'a volontairement entourée. M. Grégori a dû se demander pourquoi tous les pouvoirs publics s'étaient ligués pour empêcher la manifestation réelle de la vérité.....

M. le Président. — Je vous arrête là.....

R. — Je crois que je n'ai rien dit qui ne soit la vérité et que je ne sois prêt à prouver. Je demande le bénéfice de l'article 319 du Code d'instruction criminelle, qui dit que le témoin ne doit pas être interrompu.

D. — Permettez, vous avez commencé spontanément, vous ne m'avez même pas laissé le temps de vous poser la question banale, d'usage : « Qu'avez-vous à dire dans l'affaire ? » Vous avez commencé par une déclaration de principe excellente, je crois qu'on ne peut dire mieux, vous avez dit : « Je ne pense pas que M. Grégori m'ait fait venir ici pour parler de l'affaire Dreyfus..... »

R. — Pour « raconter » l'affaire Dreyfus,

D. — ..... ce ne serait ni le lieu ni le moment. Eh bien alors, n'en parlez pas incidemment, ni indirectement.

R. — Je saurai m'arrêter à la limite où l'arche sainte ne doit pas être pénétrée.

D. — Laissons l'arche sainte, Je ne peux vous laisser dire que les pouvoirs publics se sont ligués pour empêcher la manifestation de la vérité.

R. — Vous ne pouvez pas m'empêcher de le dire, c'est dit. Je continue.....

D. — Non, vous ne continuerez pas sur ce ton-là.

R. — Je parlerai jusqu'à ce que vous m'arrêtiez.

D. — Si vous dites que les pouvoirs publics se sont ligués contre la manifestation de la vérité, c'est un programme que vous développez.

R. — Non, c'est une phrase incidente. Je continue donc.

M. Grégori a donc dû s'apercevoir et s'indigner du silence qui est fait sur toute cette affaire, non seulement parmi les hommes du gouvernement, mais aussi parmi ceux qui se disent ses adversaires, et, enfin, il a dû s'étonner fortement de voir l'impunité dont jouissent ceux qui, depuis plus de deux ans, disent, répètent, proclament et affichent ce que vous savez tous par les journaux et ce que je ne veux pas dire pour ne pas me faire arrêter dans ma déposition. (*Rires.*)

Messieurs, il se conçoit que ceux qui ont escaladé les honneurs.... je ne dis pas le pouvoir, pour ne pas me faire arrêter par M. le président..... il se conçoit que ceux qui ont escaladé le pouvoir en se servant de Dreyfus comme d'un marchepied, se trouvent très peu flattés qu'on leur rappelle les origines de leur fortune. Il se conçoit également que ceux qui sont à la table du banquet.....

M. L'Avocat général. — Je vous en prie, ne me forcez pas à prendre des réquisitions.

R. — Prenez-en des réquisitions, si cela vous fait plaisir.

M. L'Avocat général. — Je prendrai des réquisitions si vous prononcez des outrages envers qui que ce soit.

R. — Je n'outrage personne.

M. l'Avocat général. — Vous n'êtes pas ici pour faire un discours.

R. — Je ne fais pas de discours, je viens faire une déposition ; c'est à M. le président de m'interrompre s'il le croit utile, ce n'est pas à vous.

M. l'Avocat général. — J'ai le droit de prendre des réquisitions.....

R. — Eh bien, prenez-en, ou demandez au président de me couper la parole, mais ne m'interrompez pas.

J'ai déjà assez souffert d'une autre personne du parquet, d'un Procureur général qui m'a coupé la parole dans une autre circonstance..... pour ne pas me laisser intimider.

M. le Président. — Je vous ai laissé dire tout à l'heure « escaladé le pouvoir ».....

R. — Eh bien, je retire les mots « escaladé le pouvoir », si vous voulez, et je dis « escaladé les honneurs ». N'est-ce pas un honneur d'être arrivé au Panthéon de la part de l'homme qui m'a accusé d'une façon infâme..... (*Paroles perdues dans le bruit,* (*Mouvements divers.*

D. — Je préviens le public que je n'attendrai pas six heures du soir pour faire évacuer la salle si des incidents se produisent ; je ne veux pas que la déposition d'un témoin soit ponctuée de manifestations dans un sens ou dans l'autre. Le témoin a le droit de dire librement ce qu'il a à dire, mais il ne doit pas être applaudi ou sifflé.

R. — Je vous remercie, Monsieur le Président.

D. — Je vous ai arrêté pour vous dire que votre expression « escaladé le pouvoir » était malheureuse.

R. — Eh bien, je la retire, si vous voulez.

D. — Ne jouons pas sur les mots, ce serait indigne de vous et indigne de nous ; il ne faut pas venir dire une chose qui ne doit pas être dite ici et ensuite dire : je retire. Si vous venez ici, sous une forme quelconque, critiquer des faits que nous n'avons pas à connaître pour faire la preuve de la culpabilité ou de la non-culpabilité de M. Dreyfus, je vous arrêterai, quel que soit mon grand désir de vous laisser dire tout ce que vous avez à dire.

Voulez-vous donc me laisser procéder comme on doit procéder avec un témoin ? Connaissez-vous M. Grégori ?

R. — Non.

D. — Vous auriez pu le connaître, car il est journaliste militaire.

R. — Je connaissais ses articles, mais j'ignorais que, sous la signature Grégore, se trouvait la personnalité de M. Grégori.

J'ai trouvé certains de ses articles si bien faits que je croyais que ces articles émanaient d'un professionnel.

D. — Voilà quelque chose qui est bien dans le débat.

R. — Il y en a d'autres.

D. — J'aurais regretté que vous ne les disiez pas.

R. — Cela serait venu plus tard.

D. — Il vaut mieux en parler dès maintenant, car si j'étais obligé de vous arrêter, je n'aurais pas ensuite à regretter que vous n'ayez pas dit tout ce qui était en faveur de l'accusé.

R. — Je continue. Je disais donc que ceux qui sont assis à la table du banquet, comme aussi ceux qui, en cachette, vont mendier les reliefs du festin à l'office, ne doivent pas être très flattés qu'on vienne troubler leur digestion. Mais tout cela, ce sont des raisons de second ordre, comme les rancunes personnelles, les haines ou les petites vengeances : ce qu'il est intéressant de constater, c'est qu'on s'est ligué pour persécuter avec un acharnement impitoyable toutes les personnes, moi entre autres, qui ont apporté à la recherche de la vérité une inlassable..... je cherche le mot pour ne pas en employer un qui me fasse couper la parole, et cela m'est assez difficile.

D. — Voulez-vous dire ténacité !

R. — C'est cela, ténacité. Je pense que c'est parce que j'ai été un de ceux qui ont été le plus persécutés que M. Grégori a fait appel à mon témoignage ; car si j'arrive à vous convaincre que tous les hommes étant égaux, tous les Français ne le sont pas ; qu'il y a des Français de première classe auxquels tout est permis, qui peuvent violer les lois quand c'est dans l'intérêt d'une cause et qui seront impunis et même récompensés, alors qu'il y en a d'autres, des Français de deuxième classe, qui seront traités comme ceux que les Anglais appellent des *natifs*, c'est-à-dire ces sortes d'indigènes conquis que les conquérants traitent avec une justice sommaire, basée sur la raison du plus fort ; si j'arrive à vous convaincre de cela, Messieurs les Jurés, je serai arrivé en même temps à vous inciter à l'indulgence envers l'homme qui, par un coup de pistolet, a cherché à jeter une lueur dans ces ténèbres volontaires.

Messieurs, je voudrais que cette déposition fût entièrement objective, c'est-à-dire qu'il ne s'y mêlât aucun détail personnel, et pourtant, ce serait de ma part manquer à mon devoir envers l'homme qui a fait appel à mon témoignage que de ne pas vous citer des faits qui prouvent ce que je viens de vous avancer et dans lesquels j'ai été directement mêlé. Je vous demanderai donc de ne pas vous étonner si, au début de ce que je vais vous dire, les faits n'ont pas l'air de se rapporter directement à la cause ; ils s'y mêlent cependant d'une façon tellement intime que je suis sûr que lorsque vous m'aurez écouté un peu, vous en conviendrez vous-mêmes.

Le 10 novembre 1897, un télégramme en langage bizarre était expédié de Paris à l'adresse du colonel Picquart en Tunisie.....

D. — Monsieur du Paty de Clam, je crois que vraiment, maintenant, il n'est pas possible de vous laisser aller plus loin ; vous parlez de l'affaire Dreyfus.....

R. — Il ne s'agit pas de l'affaire Dreyfus, mais de l'affaire du Paty de Clam, et cette affaire est intimement liée à celle de M. Grégori, M. Grégori vous le dira. Est-ce que je dis en ce moment quelque chose d'offensant pour la justice, la vérité ou la lumière ?

D. — Vous dites quelque chose d'étranger au débat.

R. — Non, je vous certifie que ce n'est pas étranger au débat, vous en aurez la preuve.

D. — Je veux vous croire.

R. — Eh bien, laissez-moi continuer, bon Dieu !

Vous allez voir que cela y a trait et que c'est l'explication de l'attitude de M. Grégori hier. Ne me faites pas un procès de tendance ; quand j'aurai parlé, vous verrez si cela a rapport au débat.

D. — Vous parlez de pièces officielles que nous ne connaissons pas.

R. — J'ai fait soixante jours de prison injustement, et je n'aurais pas le droit d'en parler ici..... !

D. — Non, parce que ce n'est pas ici une tribune pour faire connaître vos revendications personnelles, la Cour d'assises n'est pas un endroit où chacun peut venir dire ce qu'il a à dire. Si vous avez été victime d'injustices, ce n'est pas ici que vous devez venir en parler. Quand il y aura une affaire du Paty de Clam, ici, nous la jugerons ; aujourd'hui, nous jugeons l'affaire Grégori ; quel rapport a-t-elle avec la vôtre ?

R. — Je vais vous le dire.

— Ce télégramme donna lieu à une enquête immédiate : 1º à Paris : à la Préfecture de Police et à la Direction de la Sûreté Générale ; 2º à Marseille : à la Direction des Postes et Télégraphes de cette ville. L'enquête faite à Marseille aboutit à la découverte de trois autres télégrammes adressés à la même personne, dans les mêmes conditions, c'est-à-dire en langage convenu. L'un était de la même date que celui qui motivait l'enquête, les deux autres d'une date un peu antérieure. L'enquête faite à Paris aboutit à la découverte de l'expéditeur de l'un des télégrammes. J'ai les pièces de l'enquête, dont : une note de la Direction de la Sûreté Générale, du cabinet du directeur, qui est formelle : elle indique quel est l'expéditeur du télégramme. Il semble donc qu'on avait tous les éléments pour suivre. Mais comme l'expéditeur était un homme qui était en possession de secrets importants, comme il était à la solde de personnes alors toutes puissantes, et comme sa mise en cause aurait pu révéler les véritables origines d'une affaire dont on ne voulait pas connaître les origines, c'est-à-dire les origines de l'affaire Dreyfus, alors, on l'a mis hors de cause. Quelques jours après, une lettre était interceptée à la poste, décachetée, remise ensuite en circulation et parvenait à destination ; elle donnait le plan, le programme en langage convenu, de la conduite à suivre pour dégager l'homme. Ce plan était très simple, il consistait à m'attribuer le télégramme. Un juge d'instruction fut commis, ce juge d'instruction commit à son tour des experts, les expertises me furent absolument favorables. Mais cela ne faisait pas l'affaire de certaines gens. Le juge d'instruction dit dans une pièce officielle : « Du Paty de Clam se brûlera la cervelle et tout sera fini. » Le malheur, c'est que du Paty de Clam ne s'est pas brûlé la cervelle, qu'il est bien portant, que rien n'est fini, et que du Paty de Clam a cherché avec patience les raisons de ce juge de lui vouloir tant de bien, et il les a trouvées.

Le juge d'instruction, le 28 juillet 1898, rendit une ordonnance dans laquelle il était dit ceci.....

D. — Nous voilà maintenant sur un terrain sur lequel vous n'avez pas le droit d'entrer.

R. — Je ne dis pas ce qu'a dit le juge d'instruction, puisque c'est secret, je cite simplement une ordonnance de justice où il est dit.....

D. — Vous n'avez plus la parole. Vous m'aviez affirmé que vous alliez parler de l'affaire Grégori.

R. — Au nom de la manifestation de la lumière, laissez-moi continuer..... vous avez peur que je nomme le juge d'instruction.

D. — Je n'ai peur de rien, et je ne mets pas en doute que la manifestation de la vérité se fasse dans une salle d'assises. Maintenant, vous n'avez plus la parole, je vous prie de vous taire.

M. GRÉGORI. — Voulez-vous me permettre de poser au colonel du Paty de Clam une question relative à sa lettre du 2 juin de cette année, c'est-à-dire antérieure seulement de quarante-huit heures à la cérémonie du Panthéon, lettre publiée par l'*Aurore*. Elle n'a pas été certainement le mobile déterminant de mon acte, et n'a fait, par des échappées en quelque sorte souterraines, que rouvrir pour moi des détails que je crois posséder parfaitement. Comme le disait M. du Paty de Clam, je ne suis pas un professionnel revêtu de l'uniforme, mais je suis cependant un professionnel au point de vue militaire.

D. — Ce que vous demandez est ceci : un des mobiles de l'action reprochée a été la correspondance que vous avez pu avoir avec M. du Paty.

M. GRÉGORI. — Non, la lettre a été publiée en réponse à la lettre *J'Accuse*, de Zola, à bien des années d'intervalle, mais le droit de réponse n'était pas prescrit. Je ne rouvre aucun débat, cela se rattache à mon affaire. Voici la lettre qui était publiée dans l'*Aurore*, et qui, au point de vue des mobiles de mon acte, est intéressante :

« En 1894, je n'ai été que le délégué de l'officier de police judi-
» ciaire légal, qui était seul maître de limiter ou d'étendre mes
» attributions ; je ne suis donc pas l'ouvrier de la première heure
» de l'affaire Dreyfus. Cette affaire remonte beaucoup plus haut,
» *le gouvernement le sait et se tait*. Ceux qui espèrent qu'on se
» lassera de réclamer justice et lumière, n'empêcheront pas qu'on
» arrive à s'expliquer. »

Voilà la question posée ; je crois qu'elle se rattache étroitement à ma cause et je fais appel à l'impartialité du président pour que le témoin donne sur cette échappée toutes les explications compatibles avec l'ordre que vous voulez apporter au débat.

M. LE PRÉSIDENT au lieutenant-colonel du Paty de Clam. — Pensez-vous, Monsieur, que la lettre en question ait pu être un des mobiles qui ont pu pousser M. Grégori à commettre l'acte du 4 juin 1908 ; si vous croyez que cette lettre a pu être un des mobiles du crime, c'est-à-dire créer chez celui-ci l'intention déterminée, vous manqueriez à votre devoir et au serment que vous avez prêté en ne le disant pas.

LE TÉMOIN. — Je crois, en effet, que ma lettre a pu avoir une influence sur M. Grégori. Si j'ai eu une part quelconque dans l'acte qu'a commis M. Grégori, je déplore de l'avoir amené ici.

D. — Voilà qui est encore fort bien dit et qui est dans l'Affaire. Vous voyez que votre déposition n'est pas inutile et que j'ai bien fait de vous arrêter tout à l'heure, autrement vous auriez pu partir sans avoir dit cela.

Me MENARD. — Vous ferez le compte des bons et mauvais points que M. le président vous a donnés.

D. — Il n'y a pas de bons ou de mauvais points, je ne pouvais laisser dire à M. du Paty de Clam qu'il y a des justiciables de première et de seconde classe.

R. — Si, il y a des justiciables de seconde classe ! je n'ai jamais pu obtenir justice contre Bertulus.

D. — Ah ! vous le voyez, vous apportez ici des colères et des animosités. Il n'est pas possible de dire ici que la justice n'est pas égale pour tous.

M. GRÉGORI. — La justice n'est pas seulement de juger M. Grégori, elle est de savoir si le témoin qui vient ici.....

D. — La justice est seulement de juger M. Grégori, c'est là notre seule mission, nous n'en sortirons pas, je vous assure.

M. GRÉGORI. — La question est de savoir ce que M. du Paty de Clam a voulu dire en faisant remonter l'attention publique aux origines de l'Affaire, non pas aux secrets de cette Affaire que je crois posséder presque aussi bien que M. du Paty, mais à tout ce qui démontre que l'homme convaincu que j'étais avait raison d'être convaincu que dans cette Affaire, il y avait des éléments d'une gravité exceptionnelle au point de vue de la culpabilité de Dreyfus.

LE TÉMOIN. — Je crois, en effet, que ma lettre a pu aider à la conviction de M. Grégori. Peut-être n'en a-t-il pas très bien compris tous les termes, et cela je le déplorerais, car je ne peux parler sur ce dont il faudrait parler pour montrer comment s'est établie la conviction de M. Grégori..... Je suis extrêmement gêné et je ne puis procéder que par tâtonnements pour n'être pas encore interrompu. M. Grégori vous a dit que l'enquête dont j'avais été chargé avait été limitée. C'est exact, je n'en dis pas plus long. J'ai dit que les origines de l'affaire en question étaient antérieures à l'apparition du bordereau.....

D. — Voilà toute l'Affaire qui recommence ; je vous arrête cette fois d'une façon définitive.

R. — M. Grégori me pose la question, j'y réponds..... Voulez-vous me la poser par détails ?

R. — Je ne veux pas que vous déposiez dans ces termes. Vous avez parlé d'une instruction dont nous n'avions pas à parler, vous avez donné le nom d'un magistrat et vous vous êtes livré à des injures. Vous n'avez plus la parole, Me Menard prendra des conclusions s'il le veut.

M. GRÉGORI. — Un seul mot, sans vouloir abuser de votre impartialité, Monsieur le Président : M. du Paty de Clam modifie-t-il son opinion sur la culpabilité de Dreyfus ? S'il la modifie, je dois être condamné.

D. — Je ne poserai pas cette question ; vous pouvez, si vous le désirez, rédiger des conclusions, nous suspendrons à l'instant (*à Me Menard*). Si avec votre tact habituel..... (*Sourires*) je dis cela sans ironie.

Me MENARD. — J'espère bien.

D. — Qu'on ne souligne pas ce que je dis pour lui donner un sens que je n'ai pas voulu lui donner, Me Menard sait assez l'estime que j'ai pour lui. Si vous avez une question ne touchant pas au procès Dreyfus que vous croyez utile à votre client, je la poserai, bien entendu. Faites-en le choix, la sélection, je suis tout prêt à poser les questions qui ne rentreront pas dans l'affaire Dreyfus.

Me MENARD. — Je veux dire au contraire à la Cour que j'entends ne poser aucune question à M. le colonel du Paty. Il est impossible qu'il continue la déposition qu'il a commencée, sans que vous l'arrêtiez. Quand vous l'aurez arrêté, j'aurai le droit de prendre des conclusions, et je sais par avance quelle réponse y sera faite. J'aime peu les incidents inutiles, j'aime peu les batailles vaines. Je me borne, en philosophe, à reprendre le numéro de l'*Aurore* dans lequel, mon colonel, vous êtes vilipendé et injurié d'une façon abominable ; je me rappelle que l'auteur de cet article fut condamné à un an de prison pour l'avoir écrit, et qu'à ce moment comme aujourd'hui, on disait : « La question ne sera pas posée. » A ce moment comme aujourd'hui, il s'agissait de choses qui avaient été jugées ; à ce moment comme aujourd'hui, le président qui dirigeait les débats voulait faire respecter l'arrêt de justice. Nous ne vieillissons pas ; la vérité et la justice étaient en marche ; elles se sont arrêtées, elles sont au point où elles étaient il y a dix ans.

D. — Me Menard, il faut en finir avec cette légende de la chose jugée. Expliquons-nous. Que des gens de la politique qui ne sont pas des juristes tiennent le langage que vous tenez, c'est excusable, mais est-ce à vous que j'aurai à apprendre la théorie de la loi sur la presse ? La diffamation, quand elle atteint un particulier est un délit ; quand elle atteint un homme politique, elle n'est pas un délit, elle est l'exercice d'un devoir, en tous cas une liberté. Par conséquent, le point de savoir s'il y a ou non diffamation dans un procès revient à savoir si les faits énoncés sont vrais ou faux ; si bien que si l'accusé peut faire la preuve qu'il a dit la vérité, cette vérité fût-elle attentatoire à l'honneur de la personne diffamée, on ne peut le condamner. C'est un procès en diffamation, et le procès auquel vous venez de faire allusion, est un procès en diffamation. Est-ce qu'il y a ici quelque chose de semblable ? M. Grégori a à répondre de deux coups de revolver, c'est un délit de droit commun et vous voulez à propos d'un délit de droit commun, dire qu'on empêche la vérité de se faire jour ? Cette théorie peut être celle de M. Grégori qui peut avoir la mentalité qu'il veut, je ne la lui reprocherai pas ; elle peut être celle de personnages ayant des idées politiques.

M. Grégori. — Pas de politique !

D. — Mais ce n'est certainement pas l'opinion que peut avoir un juriste, car alors je vous répondrai avec la simplicité et le bon sens : quand M. Grégori aura tué le commandant Dreyfus parce qu'il le juge coupable, il y aura les amis de M. Dreyfus qui croiront que M. Grégori a commis la plus épouvantable des erreurs judiciaires, qui tueront M. Grégori, et il y aura des gens qui reprendront l'opinion de M. Grégori et tueront son assassin. Est-ce un état social possible ?

M. Grégori. — Si tous les tués se portent aussi bien que M. Dreyfus, il n'y aura pas de mort, heureusement.

M. le Président. — Réjouissez-vous que votre coup de pistolet ait eu ce résultat, parce que d'abord vous n'avez pas un malheur à déplorer, ensuite, parce que cela vous délivrera d'un remords qui aurait été, j'en suis sûr, celui de votre vieillesse, ensuite parce que, aujourd'hui, votre cas se trouve moins grave. Qu'on ne parle donc plus de questions qui ne seront pas posées ; pour parler plus exactement : les question d'un autre procès ne seront pas posées dans cette forme, c'est exact et j'en garde la responsabilité.

Me Menard. — Il est d'usage que l'avocat réponde immédiatement quand les accusations sont apportées. Vous dites, M. le Président, que la question est étrangère aux débats ; c'est là que nous ne sommes pas d'accord. Le juriste ici n'a rien à faire ; mon opinion personnelle ne regarde personne, je défends ici les opinions de M. Grégori, j'ai à justifier l'acte de M. Grégori. Si M. Grégori a tiré sur le commandant Dreyfus, sachant Dreyfus innocent, s'il a tiré, alors que l'arrêt de la Cour de cassation avait fait une lumière pleine et éclatante, alors que personne ne pouvait douter de l'innocence, alors c'est un fou et vous ne pouvez lui demander compte de son acte.

Si, au contraire, l'opinion qu'a M. Grégori que Dreyfus est coupable et n'a pas cessé d'être coupable, si cette opinion a été faite d'éléments sérieux, si elle repose sur des bases qui peuvent être discutées, si elle est représentée par des témoignages comme celui de l'honorable M. du Paty de Clam, comme ceux qu'on n'a pas voulu entendre, alors l'acte de M. Grégori s'explique et, sans plaider l'affaire Dreyfus, sans demander que l'arrêt de la Cour de cassation cesse d'être la vérité légale, qui ne lie qu'au point de vue de la loi, qui ne saurait jamais lier nos consciences, sans discuter l'arrêt de la Cour de cassation, nous pouvons bien dire que M. Grégori a cru à la culpabilité de Dreyfus, parce que M. du Paty de Clam y croyait, parce que le général Mercier l'affirmait, parce que le commandant Cuignet allait le proclamer à travers toutes les villes du territoire, il criait à la culpabilité de Dreyfus. — S'il croyait à la culpabilité par des raisonnements spéciaux qu'il vous expliquera, s'il était arrivé à cette conviction, fausse, si vous voulez, mais de bonne foi, cette conviction, il a le droit d'en déduire les éléments, de vous en donner les raisons, et un doute pourrait planer sur sa bonne foi, tant qu'on ne le laisserait pas apporter ces flots de lumière devant vous, qui êtes la plus haute juridiction, plus haute, quoiqu'on ait pu le penser, que la Cour de cassation, car c'est vous qui pouvez condamner à mort, envoyer au bagne. La Cour de cassation ne décide que sur des questions de droit ; elle interprète des textes, elle fait la jurisprudence ; mais l'honneur, la liberté, la vie des citoyens sont dans vos mains. Vous êtes des souverains ! Jaurès vous appelait la conscience légale du pays ; la conscience, elle parlera tout à l'heure, quand vous serez dans votre chambre des délibérations ; mais il faut qu'elle soit pleinement éclairée, qu'on ne craigne de vous soumettre aucune exception. La juridiction souveraine, c'est vous, rien que vous !

M. LE PRÉSIDENT. — Je reviens à ce que je disais : Avez-vous une question spéciale à poser à M. du Paty de Clam ?

M. GRÉGORI. — Je reviens sur ce que je voulais dire : A quoi faisait allusion M. du Paty de Clam en remontant, le 2 juin de cette année, aux origines de l'Affaire « sur laquelle le gouvernement se tait, tout en sachant. »

D. — Je crois que M. du Paty de Clam a déjà répondu.

M. GRÉGORI. — Quelle était la pensée de M. du Paty de Clam en parlant de ce que savait le gouvernement et de ce qu'il ne disait pas ?

D. — M. du Paty de Clam a une conviction, ce qui est son droit.

LE TÉMOIN. — C'est une erreur absolue ; vous croyez que j'ai une conviction d'un ordre déterminé ; vous ne savez pas ce que je sais, vous ne savez pas ce que je pense, et vous ne savez pas quelle est mon opinion.

D. — Je ne vous la demande pas. Je reconnais légitime que vous en ayez une.

R. — Non ; seulement, que vous l'admettiez ou non, j'en ai une ; personne n'a à s'interposer entre ma conscience et moi, vous n'avez donc pas à légitimer l'opinion que je puis avoir. Le fait en question est que M. Grégori dit à propos de certaines phrases qu'il vient de citer de la lettre que j'ai écrite en réponse au factum

J'Accuse, que cette lettre a pu avoir une influence déterminée sur l'acte qu'il a commis au Panthéon.

Je dis d'abord que je n'avais pu répondre plus tôt à ce factum parce que j'en avais été empêché : 1° par mes chefs ; 2° par des circonstances indépendantes de ma volonté ; que si j'ai attendu, c'est parce qu'il fallait que j'aie réuni patiemment tous les éléments qui pouvaient me permettre d'affirmer ce que je dis en l'appuyant d'un témoignage ou d'une preuve ; car je n'ai rien voulu affirmer que je ne puisse, devant le tribunal, sous la foi du serment, répéter et confirmer.

Par conséquent, si M. Grégori me demande s'il est vrai que j'ai appris, depuis, qu'on m'avait caché beaucoup de choses (que je ne dis pas être pour ou contre la personne intéressée, c'est une autre question, je ne la mets pas en avant,) si M. Grégori veut savoir par là si j'ai appris quelque chose de nouveau, il a parfaitement raison, et nul ne peut le savoir plus que les magistrats qui sont dans cette enceinte, puisque j'ai demandé à diverses reprises à la Cour de cassation à être de nouveau entendu et qu'elle me l'a toujours refusé ; c'est donc qu'elle ne voulait pas connaître les éléments nouveaux que je connais maintenant. M. Grégori paraît à juste titre très étonné que j'aie dit qu'il y avait des origines, — ne parlons pas de l'Affaire, — qu'il y avait des faits inconnus, en dehors desquels on avait jugé. Je ne récrimine nullement et je comprends très bien que vous jetiez le manteau de Noé filialement sur certains écarts.

D. — Je n'ai pas en main le manteau de Noé et je ne connais pas d'écarts. Évitons, sous forme de métaphore, ces insinuations.

R. — En disant « cet officier était *pour plusieurs motifs* l'objet » de soupçons. On le surveillait. *Entre temps...... survint......* le » bordereau..... »

D. — Vous voilà encore en plein dans l'Affaire.

R. — Qui a dit cela ? M. Casimir-Perier, le président de la République.

D. — Je crois que j'ai mis toute la patience possible dans les essais qui pouvaient laisser espérer que vous ne parleriez pas de l'Affaire. Maintenant, c'est fini, vous pouvez vous asseoir. Prenez des conclusions si vous voulez, j'entendrai un autre témoin.

Le témoin se retire.

M. Edouard Lecocq

En pleine jeunesse, de belle prestance, le visage à la fois doux et résolu que souligne une moustache noire, le témoin qui s'avance à la barre est celui qui le 11 août 1907, à Rochefort, avait craché à la figure du général Picquart. Fils d'un ancien officier d'Etat-Major, il avait traduit l'indignation militaire contre le ministre de la guerre créé par l'affaire Dreyfus, et au moment même de l'acte du Panthéon, il venait de faire paraître un livre intitulé : *Contre l'oligarchie pour Marie-Georges Picquart et ses amis.*

M. GRÉGORI. — M. Lecocq a été l'auteur spontané comme je l'ai été moi-même, de l'attentat, à peine connu à ce moment, sur le général Picquart : l'attentat est un mot excessif, c'est un geste à Rochefort, si je ne me trompe, l'année dernière. M. Lecocq, esprit très indépendant, de famille militaire, a cédé à un mouvement irrésistible. Il a vu dans la présence du général Picquart, ce que j'appelle, dans ma langue très personnelle, le chambardement des institutions militaires, il a vu les atteintes graves portées à la discipline et au moral de l'armée par l'avancement plus qu'anormal de l'ancien lieutenant-colonel en réforme, et il n'a pas pu arrêter son geste.

Je demande donc, par votre intermédiaire, que M. Lecocq explique, suivant le mot un peu désuet que nous avons employé hier, l'état d'âme dans lequel peuvent se trouver certaines natures en présence des événements contemporains, état d'âme qui, je n'ai pas à le cacher, est le mien, et m'a mis en communauté complète avec M. Lecocq, qui m'a adressé des félicitations cordiales, je ne dis pas seulement pour mon acte lui-même, mais pour l'état d'esprit qu'il indiquait et qui était conforme au sien.

D. — Ce qui revient à dire que vous voulez maintenant que nous nous occupions de l'affaire Lecocq ; vous voulez que nous demandions à une personne qui était inculpée quel était son état d'âme quand il a commis ce qui serait un délit. Dans cette forme, je ne poserai pas la question si vous ne pouvez trouver le moyen de la ramener à votre affaire.

M. GRÉGORI. — J'ai commis un acte, il a des mobiles.

D. — Le témoin en a commis un semblable ; vous demandez quels étaient ses mobiles, on ne peut dire davantage que c'est étranger à la question.

M. GRÉGORI. — J'ai une sensation personnelle : M. Lecocq, qui est d'une autre génération, a la même sensation, il le dira, à MM. les jurés, et ce sera une circonstance atténuante à mon profit.

D. — Non.

M. Grégori. — Vous dites non, je dis oui.

D. — Je ne puis provoquer M. Lecocq à dire des choses qui ne doivent pas être dites.

M. Grégori. — M. Lecocq est un esprit trop pondéré pour dire des choses déplacées.

D. — J'en suis convaincu, mais, comme ce que vous lui demandez de dire est étranger à la cause, je ne lui poserai pas la question et nous éviterons ainsi peut-être des choses que l'on aurait à regretter après.

M. Grégori. — Il n'y a pas l'ombre de provocation, il y a l'établissement d'un état d'esprit lors de mon acte du Panthéon. Si M. Lecocq, beaucoup plus jeune que moi, et je l'en félicite, a lui-même fait son geste pour les mêmes motifs, MM. les jurés se diront évidemment qu'il y a là des raisons spéciales qui atténuent cet acte en présence des événements contemporains.

D. — Vous demandez à quelqu'un que vous représentez comme un délinquant, je ne veux pas connaître la solution du procès qui a eu lieu, s'il a eu la même mentalité qu'un autre délinquant. Ce n'est pas une question du débat, prenez des conclusions si vous voulez.

M. Grégori. — En disant ce qu'il pense, M. Lecocq me sert de circonstance atténuante.

D. — Vous avez pour cela un avocat.

M. Grégori. — Il apporte quelque chose de plus qu'un avocat, un fait personnel.

D. — Il sera invoqué, nous n'avons pas à écouter l'histoire d'un délinquant.

M. Grégori. — Ce n'est pas son histoire.

D. — Son cas, si vous voulez.

R. — Ce n'est pas son cas.

D. — Son procès.

M. Grégori. — J'ai signalé ce fait comme le clou auquel il pouvait accrocher sa déposition, mais sa déposition est en dehors de cela. Laissez-le parler.

D. — Je ne veux pas le laisser parler, non pas parce que je ne crois pas qu'il ne le ferait pas en termes convenables, je ne pose pas la question parce qu'elle n'est pas posable. Prenez des conclusions, si vous voulez. Votre défenseur ne fait pas le geste d'en chercher dans sa serviette.

Me MÉNARD. — Parce que vous trouveriez trop vite l'arrêt dans la vôtre.

D. — Je suis prêt à vous communiquer ma serviette ; ce que vous y trouverez, c'est toute la jurisprudence sur la question, les arrêts de la Cour de cassation.

Me MÉNARD. — Vous savez comme moi que sur cette question, comme sur les autres, la jurisprudence de la Cour de cassation est contradictoire.

D. — Poser à un témoin la question suivante : A ma place auriez-vous fait la même chose, c'est une question que le président ne doit pas poser. Je puis vous donner la date des arrêts.

M. LECOCQ. — Le 4 juin 1908, j'ai été témoin de faits dans la rue qui concordent absolument avec le fait de M. Grégori. C'était une émeute populaire.

Me MÉNARD. — Si j'ai bien compris ce que dit le témoin, le 4 juin 1908 (c'est-à-dire le jour même de l'attentat) il a été témoin d'une émeute populaire.

D. — Vous avez à parler sur le fait du 4 juin.

LE TÉMOIN. — Le 4 juin 1908 j'ai été témoin d'une émeute populaire, dont le sentiment correspondait à celui qui a animé M. Grégori. Par conséquent, au Panthéon vous avez simplement vu le geste du bras ; mais, au fond, le cerveau, les véritables responsabilités se trouvaient dans la rue.

D. — Ce n'est pas une déposition, c'est une plaidoirie, je ne la laisserai pas prononcer, vous pouvez vous asseoir.

M. GRÉGORI. — C'est l'explication de mon acte.

D. — Vous pourrez le plaider, vous, c'est votre défense.

M. LECOCQ. — Je puis seul être témoin de ce qui se passait dehors, parce que seul j'étais présent à cet endroit.

D. — Vous n'avez pas entendu le coup de pistolet, vous n'étiez pas à l'intérieur du Temple.

M. LECOCQ. — Les véritables responsabilités, ce sont les éléments responsables qui ont poussé M. Grégori à son acte.

M. GRÉGORI. — C'est parfaitement exact, c'est ce qu'il importait de dire.

M. Émile Massard

D. — Vous étiez lié avec l'accusé par des relations de presse militaire.

R. — Des relations purement professionnelles. Je connais M. Grégori depuis très longtemps, je sais que c'est un excellent confrère qui fait partie d'un comité dont je suis président. A propos de l'affaire qui l'amène devant la justice, je puis dire que j'ai été un peu surpris de ce qui s'est passé, étant donné que je le connais comme un homme de caractère extrêmement conciliant, et toujours modéré au cours de l'Affaire. Il y a dans notre Société des publicistes de toutes les opinions. Naturellement, elles étaient extrêmement contradictoires, violentes de part et d'autre. Je dois dire que M. Grégori a toujours été parmi les plus modérés et les plus conciliants et que je ne m'attendais pas du tout à le voir faire un geste comme celui qu'il a fait.

D. — Vous le croyez très sincère dans ses opinions ?

R. — Absolument.

D. — Qu'il ait fait un acte blâmable ou non, vous le croyez sincère ?

R. — Absolument.

M. Grégori. — Cela pourrait déjà me suffire et je remercierais mon président et confrère Massard sauf le cas où il voudrait dire son opinion ou son appréciation sur l'accomplissement de ma besogne professionnelle au point de vue militariste.

R. — Je pense que M. Grégori est un journaliste de grand mérite, un spécialiste des questions militaires. Dans toutes les réunions de publicistes, il s'est montré très compétent, il avait beaucoup de relations avec les autorités militaires ; il parlait beaucoup, il écrivait beaucoup également, et c'est pour cela que je ne le considérais pas comme un homme d'action, mais comme un penseur et comme un homme de plume.

D. — Comme un homme de plume adonné à des questions spéciales, les connaissant à fond ?

R. — Purement militaires ; je ne l'ai jamais vu faire de la politique.

M. Grégori. — La réponse me satisfait pleinement et je remercie M. Massard d'être venu de Genève pour témoigner.

Me Ménard. — Il n'inspectait pas les monuments historiques.

D. — Ne mettez pas d'aigreur dans le débat ni avec esprit ni simplement en termes solennels. (*Au témoin*). Vous ne voyez rien autre à dire qui puisse être utile à M. Grégori ? N'y manquez pas.

R. — Du tout.

D. — Vous pouvez vous retirer.

M. Pierre Biétry, Député

M. Grégori. — Je voudrais, Monsieur le Président, que, dans votre impartialité, vous laissiez s'expliquer M. Biétry, sur, non pas l'affaire Dreyfus, mais sur la position du parti socialiste au point de vue de cette Affaire. Si étrange que paraisse la question, elle se rattache aux opinions de M. Biétry, que je partage complètement et qui indiquent qu'il y a dans le prolétariat français deux courants distincts, dont l'un est favorable à ma cause. Ce sera également, comme ce qu'a dit M. Massard tout à l'heure, une circonstance atténuante.

M. le Président. — Dans cette forme, la question ne peut pas être posée. Je ne peux pas provoquer M. Biétry, qui peut-être ne s'y prêterait pas, à venir faire ici un discours sur des questions spéciales fort intéressantes, mais qui n'ont rien à faire dans le procès Grégori. Les questions sociales, nous les écarterons, si vous voulez, d'ici et d'un mot. M. Biétry est qualifié pour parler de cela en grande connaissance, il peut en parler utilement, mais pas ici. Sous prétexte d'étudier l'affaire Grégori, nous n'allons pas étudier les questions ouvrières.

R. — Laissez-le parler, vous l'arrêterez si vous le jugez à propos.

D. — Non.

Croyez-vous, Monsieur, pouvoir dire quelque chose d'utile à l'accusé qui est là ? Savez-vous quelque chose d'utile à l'accusé qui est là ? Avez-vous quelque connaissance de l'acte qu'il a commis ?

Le Témoin. — Je crois que je pourrais dire quelque chose d'utile à sa défense, pour cette raison qu'il a motivé toute sa défense sur le symbole qu'il attache à son acte, qu'il appelle une manifestation contre le Dreyfusisme.

D. — Ce serait une plaidoirie que je n'admettrai pas plus de votre part que de la part d'un autre.

M. Grégori. — Voulez-vous le laisser parler deux minutes sur mon rôle qui est « d'être un manifestant contre le Dreyfusisme » ? Il dira si peu que ce soit, mais cela aura une importance, car M. Biétry est député des classes ouvrières.

M. le Président. — Je ne conteste pas son autorité et sa compétence ; je dis que c'est étranger aux débats. Si intéressant que ce soit, si utile que cela pût être à connaître, cela ne serait pas dans l'affaire..... Monsieur, je le regrette, mais je ne poserai pas de question.

M. Grégori. — Je regrette, Monsieur le Député, de vous avoir dérangé, mais je suis sûr que vous auriez dit quelque chose d'utile à ma cause.

Le Témoin. — J'aurais certainement dit que je vous approuve, Grégori.

M. le Président. — Cela n'est pas à entendre ici... Il n'est pas admissible qu'un témoin, quel qu'il soit, puisse venir ici faire l'apologie d'un crime ou d'un délit. Si c'est une plaidoirie, Monsieur, vous n'êtes pas ici pour plaider. Je regrette qu'on vous ait fait venir ; vous pouvez vous retirer, Monsieur le Député.

M. Grégori. — La déclaration de M. Biétry me suffit également.

M. Henri Rochefort

D. — Connaissez-vous M. Grégori ?

Le Témoin. — Je n'ai pas l'honneur de connaître M. Grégori.

D. — Avez-vous une question qui soit dans l'affaire à poser à M. Henri Rochefort ?

M. Grégori. — La question que j'ai à poser se rattache indirectement, mais étroitement, à mon acte, en raison de la déposition faite par M. Henri Rochefort à la Cour de cassation. Il a montré la cause des démêlés dans notre profession, la cause des ruptures et des dissensions ; il l'a fait en des termes tellement pertinents, connaissant, pour le dire d'un mot, la *source pécuniaire* de ces divisions profondes: que je crois d'une utilité capitale pour MM. les jurés que M. Rochefort dépose sur cette question, car c'est une des nombreuses circonstances sur lesquelles s'étaie ma conviction. Je dois ajouter que les renseignements de M. Henri Rochefort sont une véritable lumière sur les conditions où l'Affaire, dont je ne veux pas parler, a pu diviser entre eux tant de braves gens.

M. le Président. — Dans ces conditions je ne peux pas poser la question. Vous venez de dire vous-même que M. Henri Rochefort connaît la question parce qu'il a été témoin dans le procès en revision devant la Cour de cassation.

M. Grégori. — J'ai parlé de son témoignage, parce que j'ai tout lu à ce sujet... Que M. Rochefort, sans se rattacher à sa déposition, dise ce qu'il sait sur ce que j'appellerai les divisions produites dans la presse à ce moment !..... Laissez parler M. Rochefort, il dira des choses utiles ; il éclairera MM. les jurés sur ce qu'ils ignorent. Ils ont vu des campagnes dans la presse et n'en connaissent pas le point de départ.

M. LE PRÉSIDENT. — Nous ne sommes pas ici pour rechercher cela ; je ne poserai pas la question, prenez des conclusions si vous le voulez. C'est étranger au procès. Je vous l'ai dit en commençant : nous jugeons ici l'affaire Grégori.

M. GRÉGORI. — Elle se lie intimement aux faits dont M. Rochefort a été le témoin ou le connaisseur..... Il s'agissait de savoir *qu'un budget était affecté à la corruption dans la presse et dans la littérature....(à Rochefort) C'est bien ce que vous avez dit vous-même ?*

LE TÉMOIN. — *Parfaitement.*

M. GRÉGORI. — Il y avait là un élément prodigieux pour faire comprendre à MM. les jurés comment, même parmi eux, et dans le public, par la voie des journaux il a pu y avoir beaucoup de bonnes fois surprises.

M. LE PRÉSIDENT. — Me Menard, j'ai recours à vous ; si vous croyez pouvoir poser la question autrement que votre client ?.....

Me MENARD. — J'estime, pour ma part, que tous les témoins doivent être entendus et que toutes les questions doivent être posées. Vous ne voulez pas les poser ; je ne veux pas employer de moyens détournés pour obtenir le résultat que nous recherchons. Si je le demande par conclusions, vous rendrez un arrêt qui les rejettera, et nous alourdirons ainsi le débat. MM. les jurés se rappelleront qu'on n'a pas voulu entendre les témoins et ils tireront de ces ténèbres, dans lesquelles on veut enfermer le débat, telles conséquences qu'ils jugeront à propos. C'est la défense qui a qualité pour savoir ce qui lui est utile ou ne lui est pas utile. L'accusé a le droit de se défendre comme il lui plaît de le faire. Vous vous substituez à lui ; depuis le commencement du débat, c'est vous, Monsieur le Président, qui dites : Cela est utile ou cela ne l'est pas. Vous usurpez notre rôle.

M. LE PRÉSIDENT. — Je serais bien malheureux si j'avais fait cela. Je fais des efforts pour ne pas donner une opinion personnelle sur aucun détail.

Laissons les généralités. Y a-t-il une question possible à poser à M. Rochefort qui ne soit pas une question de l'affaire Dreyfus ? Je suis tout prêt à la poser.

Me MENARD. — Nous ne nous entendons pas sur la définition ; vous appelez l'affaire Dreyfus ce que j'appelle l'affaire Grégori. Comme nous ne pouvons pas nous entendre, moi je me tais, le client parle, et vous jugez.

M. LE PRÉSIDENT. — Soyons sérieux! Je ne voudrais pas

qu'il soit dit que l'on a refusé de poser des questions sur ce qui est dans le procès.

Me MENARD. — Sur ce que vous jugez être dans le procès ! C'est votre décision que vous imposez.

M. LE PRÉSIDENT. — M. Rochefort peut-il donner un renseignement sur M. Grégori. ?

M. GRÉGORI. — Voici en quoi il me semble que la déposition de M. Rochefort peut m'être précieuse : c'est qu'un homme de sa popularité, de son esprit, de son indépendance, en indiquant son rôle et son état d'âme dans l'Affaire, vient à l'appui de ce que j'ai fait.

M. LE PRÉSIDENT. — L'opinion de M. Rochefort, je crois que tout le monde la connaît. Il ne l'a pas cachée. Si vous faites venir des témoins uniquement pour qu'ils donnent leur opinion sur cette Affaire, cela me paraît infernal..... Je vous assure que si vous trouviez un moyen de faire poser une question qui ne soit pas dans l'affaire Dreyfus, je la poserais.

M. GRÉGORI. — Comment est-il possible de dissocier mon acte de l'affaire Dreyfus ? Il s'y rattache. On ne m'a jamais vu dans l'Affaire. C'est lorsque l'Affaire a déraillé et a pris des proportions absolument folles..... alors, le Panthéon m'a semblé être le cran où il fallait arrêter le mouvement.

M. LE PRÉSIDENT. — Je me suis évertué, hier, à vous dire comment se faisait la distinction et vous sembliez l'avoir compris. Tout à l'heure, quand un témoin que vous connaissez était là, celui-là a déclaré qu'une lettre écrite dans certaines conditions avait pu être une des causes déterminantes de votre action. Si vous pouvez faire dire une chose comme cela à M. Rochefort, je lui poserai la question.

M. GRÉGORI. — Quel mobile M. Rochefort croit-il pouvoir attribuer à mon acte au Panthéon ?

LE TÉMOIN. — On acquitte souvent des femmes qui ont vitriolé leur protecteur ou leur fiancé, et ces crimes sont qualifiés passionnels. J'estime *qu'il n'y a pas de crime plus passionnel que celui qu'a pu commettre M. Grégori* ; par conséquent, j'estime qu'il devrait être acquitté, parce que *c'est la passion seule et le patriotisme qui l'ont fait agir.*

M. LE PRÉSIDENT. — C'est une plaidoirie ; mais enfin le témoin a dit d'un mot juridique comment votre crime était un crime, mû par une certaine passion. Nous avons dit, hier, que c'était un crime fanatique.

M. GRÉGORI. — C'est exagéré.

M. LE PRÉSIDENT. — Vous avez admis que vous étiez mû par un certain mysticisme.

M. GRÉGORI. — Vous voyez ce que nous avons gagné à voir définir par M. Henri Rochefort mon acte, classé d'un mot heureux dans la catégorie des crimes passionnels !

M. LE PRÉSIDENT. — Cela, c'est une opinion !

Me MENARD. — Tout est une opinion.

M. Ferlet de Bourbonne

M. Ferlet de Bourbonne est le Parisien connu, ancien commandant d'État-Major en 1870 et ancien fonctionnaire, ayant été le confident des conversations entre notre ancien attaché militaire à Berlin, colonel Stoffel, et l'ambassdeur d'Allemagne, à Paris, M. de Munster, au sujet d'une pièce qui aurait été cambriolée à l'ambassade même par nos agents, pièce portant le nom de Dreyfus de la main de l'empereur Guillaume, et qui dut être restituée.

Invité à prêter serment, le témoin dit : — Devant Dieu et devant les hommes, je le jure.

M. LE PRÉSIDENT. — Question de forme : la formule est : Je le jure.

LE TÉMOIN. — Je le jure.

D. — Vous connaissez M. Grégori ?

R. — Je l'ai aperçu quelquefois avant les faits qui lui sont reprochés.

D. — Vous êtes au moins un témoin l'ayant connu un peu ! Ceux-là ne sont pas nombreux ; aussi je me hâte de vous demander si vous pouvez dire quelque chose qui soit en sa faveur.

R. — Je l'ai toujours connu comme un très bon patriote. Engagé volontaire, il a eu une bonne conduite militaire.

D. — Pouvez-vous dire autre chose d'une façon générale ?

M. GRÉGORI. — M. Ferlet de Bourbonne est un de ceux qui, sans rien m'apprendre, ont, par des déclarations répétées, ouvert les esprits au fond même de ce qui est dans ma conviction : C'est que tout n'a pas été révélé et dit, non pas sur l'Affaire, mais sur les faits qui ont été les mobiles de mon acte. M. Ferlet de Bourbonne a, notamment, connu le colonel Stoffel, et vous allez voir combien, pour moi, c'est intéressant.

Le colonel Stoffel a été attaché militaire à Berlin et auteur de rapports sur l'organisation de l'armée allemande, qui ont été trouvés aux Tuileries le 4 Septembre. Ces rapports avaient cet intérêt de vanité pour moi qu'ils avaient été faits à une date postérieure à celle où avait paru mon premier article dans la *Revue des Deux-Mondes*, traitant de ces questions.

Ma pensée a été attirée sur M. Ferlet de Bourbonne, qui s'était trouvé en rapports avec le colonel Stoffel, dont la compétence militaire se doublait de ceci que, malgré la guerre de 1870, il était resté en excellents termes avec le comte de Munster, ambassadeur d'Allemagne à Paris, et qu'il avait été même son confident au sujet de certains faits, au sujet de pièces secrètes... !

M. LE PRÉSIDENT. — Nous voilà en plein dans l'Affaire.

M. GRÉGORI. — Il s'agit de ma conviction.

M. LE PRÉSIDENT. — Vous venez de faire un exposé de faits, avez-vous une question ?

M. GRÉGORI. — C'est de demander à M. Ferlet de Bourbonne s'il croit que ses déclarations, faites avec la plus grande compétence et une loyauté complète et qui ont relaté un fait dominant, qu'on a voulu taire, peuvent avoir impressionné.....

M. LE PRÉSIDENT. — Il n'est pas possible que je pose la question. En prenant des périphrases habiles, vous dites : « Est-ce qu'il a connu tel fait..... »

Voyez-vous le danger de votre affaire, c'est que, si je vous laissais faire, il faudrait recommencer ici toute la revision de l'affaire Dreyfus.

M. GRÉGORI. — *Mon geste n'a qu'une signification : Revision de la Revision dans l'affaire Dreyfus.*

M. LE PRÉSIDENT. — Vous venez vous-même de condamner vos questions, et Dieu sait que vous êtes maître de votre parole ! Rappelez-vous vos derniers mots ; je ne peux pas en trouver de meilleurs, de plus laconiques ; je ne peux pas trouver de formule mieux libellée..... Eh bien, M. Grégori, nous ne sommes pas ici pour reviser le procès de revision.

M. GRÉGORI. — Je suis ici pour me défendre, en montrant que mon geste d'indignation était guidé par la façon dont l'affaire Dreyfus avait été revisée. J'ai trouvé, à un moment donné, que la mesure était comble. J'aurais trouvé la bonne foi la plus complète dans le jugement de l'Affaire, j'aurais eu un doute quelconque, que jamais je n'aurais paru à l'horizon. Mais le témoignage de M. Ferlet de Bourbonne avait une gravité spéciale, et je lui demande s'il comprend que ce qu'il a dit lui-même et ce que le colonel Stoffel a dit « de pièces importantes ayant existé et disparu » peut avoir été l'un des mobiles de mon acte.

M. LE PRÉSIDENT. — C'est le procès de revision en plein,

dans lequel M. Ferlet de Bourbonne a été entendu. Je ne laisserai pas déposer là-dessus ; cela amènerait des réponses, des répliques, et nous n'en finirions pas.

Le Témoin. — Voulez-vous me permettre de dire un mot ?

M. le Président. — S'il n'est pas dans l'affaire Dreyfus, oui. Si votre désir est de placer un mot quand même, je vous arrêterai.

Le Témoin. — Je veux seulement parler des Mémoires qu'a écrits M. de Munster.

M. le Président. — Voyons ! comment voulez-vous que cela ne s'appelle pas l'Affaire ?

Le Témoin. — Ces Mémoires n'ont pas été publiés ; un éditeur français les a achetés 300.000 francs, et le gouvernement allemand les a saisis.

M. Grégori. — Tirez la conclusion !

M. le Président. — Vous la tirerez dans vos plaidoiries.

M. Gustave Rousselle

DREYFUS AUX MANŒUVRES

M. le Président. — Pouvez-vous fournir des renseignements sur M. Grégori ? Si vous le connaissez suffisamment pour donner des renseignements sur lui, donnez-les tout de suite. Dites tout ce que vous savez de bien sur lui.

M. Grégori. — Voici ce que vous pouvez laisser dire à M. Rousselle : c'est dans quelles circonstances, aussi agréables pour lui, je l'espère, qu'elles l'ont été pour moi, nous nous sommes rencontrés, et dans quelles circonstances il a été un de ceux qui ont corroboré mon opinion. Vous n'avez qu'à le laisser parler pour savoir comment, aux manœuvres de 1893, M. Alfred Dreyfus s'est trouvé cantonné chez lui.

M. le Président. — Le capitaine Dreyfus était aux manœuvres, en 1893 !.....

M. Grégori. — Et cantonné chez M. Rousselle.

M. le Président. — Je ne poserai pas cette question.

M. Grégori. — C'est de la vie réelle, cela.

M. le Président (au témoin). — Vous avez dit que vous l connaissiez beaucoup. Vous pensez du bien de lui.

Le Témoin. — J'en pense tout le bien possible.

D. — C'est, pour vous, un honnête homme.

R. — Parfaitement.

D. — Un convaincu ? Un homme qui a des convictions sincères ?

R. — Oui.

D. — Avez-vous une autre question ?

M. Grégori. — Comment M. Rousselle me connaît-il ? Nous nous sommes connus un peu comme chasseurs, ce qui est intéressant, et parce que nous étions en communion d'idées. M. Rousselle m'a dit des choses de l'intérêt le plus nouveau et de nature à frapper énormément MM. les jurés si on le laisse parler.

M. le Président. — On ne laissera pas parler sur l'Affaire.

M. Grégori. — MM. les jurés apprécieront, et je regrette d'avoir dérangé M. Rousselle, qui avait le document le plus inédit à faire sortir. Je ne peux pas faire autre chose que de démontrer à MM. les jurés qu'il n'y a pas un trou dans mon système, attendu que tout s'appuie sur des documents en chair et en os, et qui ne sont pas des fictions. Vous les repoussez, Monsieur le Président. Que puis-je faire, Messieurs les Jurés ?

M. le Président. — Nous avons perdu du terrain depuis hier. Vous aviez admis que nous ne pouvions pas nous mettre à reviser le dossier Dreyfus.

M. Grégori. — C'est de ma conviction que je parle.

M. le Président (au témoin). — Vous n'avez pas autre chose à dire ?

R. — Je n'avais qu'à dire ce qui s'est passé chez moi.

M. le Président. — Je ne veux pas que vous parliez de l'affaire Dreyfus.

M. Grégori. — Justement, cela n'a jamais figuré dans le procès Dreyfus, c'est tout à fait en dehors du procès ; c'est un détail inédit qui peut avoir sa saveur. C'est un fait personnel. Laissez dire à M. Rousselle l'opinion manifestée par des officiers à ce moment-là.

M. le Président. — Je vais faire une dernière expérience, mais vous allez voir que je vais être forcé d'arrêter M. Rousselle.

M. Grégori. — Il ne le regrettera pas, il aura fait pour moi tout ce qu'un bon copain de chasse peut faire.

M. le Président. — Si vous pouvez dire quelque chose d'étranger au procès qui a tant occupé le pays jusqu'à l'arrêt de juillet 1906, vous pouvez le dire ; mais je vous avertis, Monsieur, que si vous entrez le moindrement dans le détail du procès en revision, je vous arrêterai immédiatement.

Le Témoin. — En août 1893, j'étais avisé, comme maire de ma commune, que j'aurais à loger un détachement de cuirassiers, qui devait prendre part aux manœuvres. Je fis préparer le cantonnement des officiers, des hommes et des chevaux, et je reçus les officiers du détachement à déjeuner chez moi.

Au milieu de ces cuirassiers, se trouvait un capitaine d'État-Major, c'était M. Alfred Dreyfus.

M. LE PRÉSIDENT. — Nous voilà en plein dans l'Affaire..... C'est fini, Monsieur, vous pouvez vous asseoir.

Le témoin Jourich, armurier, est appelé à la barre ; M. Grégori déclare renoncer à sa déposition.

M. Delacherie

M. GRÉGORI. — M. Delacherie a fait une campagne très intéressante pour nous, Parisiens, en ce qu'elle concernait l'affaire Humbert.

M. LE PRÉSIDENT. — Toutes les causes célèbres du siècle !

M. GRÉGORI. — C'est ce qu'il y a d'intéressant, cela n'est pas banal !

M. LE PRÉSIDENT. — C'est un genre de non banalité auquel je ne me prêterai pas.

M. GRÉGORI. — Laissez parler M. Delacherie.

M. LE PRÉSIDENT. — Pour l'affaire Humbert, non.

M. GRÉGORI — Laissez-lui dire quelle lettre il a écrite à M. le procureur général Baudouin sur son rôle devant la Cour de cassation dans le procès de revision.

M LE PRÉSIDENT — Voilà maintenant que nous allons faire le procès de M. le procureur général Baudouin, je ne vous laisserai pas prendre la parole Nous ne sommes ici pour faire le procès de qui que ce soit.

M. GRÉGORI. — C'est un élément de ma conviction : les conditions illégales et défectueuses dans lesquelles la procédure a été conduite pour la revision de l'Affaire.

M. LE PRÉSIDENT. — Sous prétexte de liberté de défense, vous demandez que l'on entende un témoin qui viendra dire des choses qui diminueront le degré d'estime auquel a droit M. le Procureur général à la Cour de cassation.

M. GRÉGORI. — Ç'a été dans tous les journaux.

M. LE PRÉSIDENT. — Eh bien alors !

Monsieur, je suis fâché qu'on vous ait dérangé.

M. GRÉGORI. — Vous ne le laissez pas parler. Il y aurait.....

M. LE PRÉSIDENT. — Il y aurait le regret que j'espère ne pas avoir, ce soir, d'avoir laissé dévier le débat et laissé prendre la barre des témoins pour une tribune où toutes les personnes qui seraient venues ici auraient raconté ce qu'elles auraient voulu pour, ensuite, publier *orbi et urbi*, ce qu'elles pensent.

M. GRÉGORI. — Je tiens à protester contre la pensée que vous semblez m'attribuer de faire dévier le débat.

L'HUISSIER. — Il n'y a plus de témoins.

M. GRÉGORI. — J'aurai des explications à présenter à MM. les jurés.

M. LE PRÉSIDENT. — Vous voulez prendre la parole ? Il faudrait nous arranger pour ne pas la prendre deux fois.

Mᶜ MENARD. — A la fin de l'interrogatoire, M. Grégori avait le droit de donner des explications ; il a encore le droit de les donner maintenant que les témoins sont entendus, et si M. Grégori a, plus tard encore, quelque chose à dire, dût-il parler deux fois, comme la loi lui donne le droit de parler le dernier, il pourra prendre encore la parole. Il demande à fournir maintenant des explications personnelles ; M. l'Avocat général lui répondra ; je répondrai à M. l'Avocat général, et la loi vous fait un devoir dedonner la parole à l'accusé le dernier.

M. LE PRÉSIDENT. — C'est entendu ; il aura à prendre la parole le dernier ; qu'il prépare donc son discours comme il l'entendra.

L'audience est suspendue.

A la reprise de l'audience, Grégori, ramené sur le banc des accusés, et faisant face au Jury, prend la parole.

DÉCLARATION DE GRÉGORI

Messieurs les Jurés,

Pourquoi suis-je ici devant vous ?

C'est pour avoir, à mes risques et périls, porté le 4 juin dernier, au Panthéon, la protestation indignée d'une grande partie de Paris, d'une grande partie de la France contre la cérémonie Zola, et ma protestation à moi contre l'impudence croissante du Dreyfusisme, osant présenter Dreyfus, son homme, au milieu des grands hommes auxquels la Patrie doit être reconnaissante.

Vous la connaissez tous, cette inscription en lettres d'or, qui semble flamboyer comme un appel à la grandeur sur le fronton du temple de nos gloires nationales, le Panthéon : « *Aux Grands Hommes, la Patrie reconnaissante.* »

Pourquoi, ne m'étant jamais mêlé publiquement de l'Affaire, de la sinistre Affaire, n'ayant jamais pris une part effective aux discussions passionnées, aux luttes violentes qu'elle a suscitées, — et qu'elle n'aurait jamais dû susciter sous un gouvernement national et fort, — pourquoi dois-je répondre aujourd'hui d'un acte qui touche, c'est le mot, au vif de l'Affaire ?

Pourquoi ai-je risqué ma liberté, si vous me condamnez ? Pourquoi ai-je déjà fait de la prison ? Pourquoi ai-je déjà sacrifié de ma vie indépendante, et, pourrais-je ajouter, des plaisirs sportifs de la belle saison qui sont les seuls dérivatifs à l'existence laborieuse que je mène pour faire face à mes charges familiales ?

C'est parce que cette colossale machination de l'Affaire, basée sur la réhabilitation d'un officier juif condamné pour espionnage ou trahison, mais machination dirigée avec d'autres arrière-pensées par le plus influent et le plus mystérieusement craint de ses coreligionnaires, avec un véritable budget formé des millions juifs du monde entier, parce que cette machination s'est jouée pendant quatorze années de la nation française, a surpris la bonne foi de bien des gens, — c'est à ceux-là que je m'adresserai tout à l'heure, — et, deux fois battue devant la justice militaire, a fini par triompher devant la justice civile, s'est installée au pouvoir; et que là, non contente de tels avantages, mais atteinte de la folie des grandeurs, elle a eu cet aplomb, non pas seulement de vouloir monter au Panthéon, comme les généraux romains vainqueurs montaient au Capitole, mais de s'y faire décerner des honneurs militaires, elle qui représente le chambardement de nos institutions militaires et la livraison à l'étranger de nos secrets militaires !

Oui, mais, près du Capitole, à Rome, il y avait la légendaire Roche tarpéienne. La Roche tarpéienne, ici, ce fut le geste qui devait sortir irrésistiblement de la situation, comme l'éclair sort des nues par un temps chargé d'orage.

Comment ai-je été l'auteur de ce geste ? Comment ai-je eu la force de volonté de m'attaquer tout seul à cette arrogante dictature d'une minorité qui prétendait faire la loi désormais à la majorité du pays ?

C'est avant tout, Messieurs les Jurés, parce que j'avais dû nécessairement me faire, comme écrivain militaire, ma conviction personnelle sur l'Affaire, qui était d'ordre purement militaire en principe, ne l'oubliez pas, et sur le cas de l'officier juif, accusé de trahison..... J'entends trahison, au sens étymologique du mot : « livraison, » du verbe latin *tradere* qui veut dire « livrer. » Voilà ce qui domine tout le cas de Dreyfus et toute l'Affaire.

C'est parce que je m'étais fait cette conviction de professionnel, en me plaçant en quelque sorte sur le terrain scientifique, en suivant les événements, en étudiant les faits pour moi-même, et surtout en voyant par moi-même les principaux personnages du drame, Dreyfus tout le premier, au moment où il fallait les voir.

C'est parce que, dans ma conviction ainsi faite, Dreyfus n'était pas plus innocent que victime, mais avait été bien jugé par les juges militaires, officiers comme lui, qu'il y avait impossibilité pour moi, qu'il y aurait eu lâcheté, comme je l'ai dit au premier moment, à laisser passer sans faire un geste cette cérémonie du Panthéon, où l'armée devait venir saluer en même temps Dreyfus, condamné par deux Conseils de guerre, et l'écrivain, son défenseur, Zola, qui, par sa lettre *J'Accuse*, après son livre de *La Débâcle*, fut le véritable promoteur de l'antimilitarisme en France.

Et quoi qu'il doive m'arriver, ma satisfaction restera, Messieurs les Jurés, en ayant frappé Dreyfus pour la forme, et en manière de symbole, à cette main droite qui commit la trahison, d'avoir épargné aux troupes de la garnison de Paris l'humiliation d'avoir à défiler devant le condamné de deux Conseils de guerre et le dégradé du 5 janvier 1895.

Maintenant, dois-je vous rappeler que le jury de la Seine, en 1898, dans son indépendance et dans son patriotisme, avait condamné Zola pour cette lettre *J'Accuse*, diffamant les chefs militaires accusateurs de Dreyfus ?

Cette condamnation subsiste toujours, elle a toujours force de loi, rien ne l'a effacée ni cassée.

Ai-je besoin de vous rappeler que le Conseil de guerre de Rennes, un an après, condamnait une seconde fois Dreyfus, après les plus longs et les plus minutieux débats, les plus contradictoires et les plus publics, en un mot, les plus probants ?

Eh bien ! qu'étaient pour moi ces deux jugements conformes à ma conviction de professionnel et à l'opinion du plus grand nombre des Français ? C'était la vérité judiciaire absolue.

L'arrêt de la Cour de cassation de 1906, cassant l'arrêt du Conseil de guerre de Rennes, que fut-ce, au contraire, pour moi ? Ce fut l'erreur judiciaire absolue, doublée d'une violation flagrante de la loi, qui ne permettait pas de casser sans renvoi à un autre Conseil de guerre.

Le Gouvernement m'autorise à le dire, le ministre de la Justice m'autorise à le dire, puisque ni l'un ni l'autre n'ont poursuivi l'*Action Française* affichant sur tous les murs de France ce qu'elle appelle le crime de la Cour de cassation ; moi je me contente de dire, comme au Palais : son coup d'État judiciaire. Je n'avais qu'à lire comme Monsieur-tout-le-monde l'écrasante réfutation juridique de l'arrêt placardée partout, et à garder mon opinion pour moi. Tout ça, c'était de la politique, et je ne fais pas de politique.

Mais, ensuite, au point de vue de nos intérêts militaires, c'est parce que la débauche d'avancements et de décorations, formant la rentrée triomphale de Dreyfus réhabilité, — en commençant par la nomination de l'ex-lieutenant-colonel en réforme Picquart comme général de brigade, puis général de division, puis ministre de la Guerre, portait un coup des plus graves à la discipline et au moral de l'armée; — et le moral d'une armée importe encore plus que son matériel de guerre au salut d'un peuple ;

C'est parce que ces atteintes profondes à la confiance du pays en son instrument de défense se produisaient au lendemain même de la crise sérieuse de nos rapports avec l'Allemagne, — rappelez-vous le voyage de l'empereur Guillaume à Tanger ; — et lorsque cette question du Maroc où nous étions roulés par l'intrigue allemande, lorsque la partie diplomatique engagée à l'extérieur sur la table du jeu des alliances, nous commandent d'être extrêmement forts, extrêmement attentifs en face de la puissance voisine, qui est la plus fortement disciplinée d'Europe, la plus militarisée, et toujours préparée à faire la guerre ;

C'est parce que dans ces circonstances, la plus noble et la plus haute de nos institutions, la plus créatrice d'énergie et d'héroïsme, la Légion d'honneur, était déshonorée par la croix mise sur la poitrine d'Alfred Dreyfus, et discréditée par les autres promotions se rattachant à l'Affaire ;

Et, pour couronner cette orgie sans exemple dans notre histoire militaire, c'est parce que la cérémonie du Panthéon, associant dans la même glorification et Dreyfus, condamné par deux Conseils de guerre, et Zola, condamné par le jury de la Seine, était faite pour achever l'œuvre de désorganisation et de démoralisation contre laquelle protestent malgré tout le tempérament de la race, son bon sens héréditaire, son sentiment de juste égalité, et l'instinct de vie nationale qui reste en nous ;

C'est alors, c'est pour tout cela qu'ayant, dans ma prime jeunesse et quatre ans avant la guerre franco-allemande, essayé de prémunir et notre armée et notre nationalité contre ce danger, dont j'avais tout le pressentiment ; ayant ensuite parcouru les sommets de l'existence entre le démembrement de 1870-1871 et le démembrement intérieur actuel ; rendant toujours les services qui étaient en mon pouvoir à la défense nationale, — j'ai considéré comme un nouveau devoir, à un âge où l'on a plutôt droit au repos, d'agir au lieu de parler et d'écrire pour répondre au défi du Panthéon, — dans l'espoir que, si mon acte était compris, ce serait le signal de l'affranchissement vis-à-vis de la tyrannie dreyfusiste, la plus basse dont la France ait jamais souffert les méfaits, — et le signal du relèvement de la fierté nationale.

Principe supérieur contenu dans le dicton : « *Les paroles sont des femelles ; j'ajoute les écritures aussi ; les actes seuls sont des mâles.* »

A raison de l'intention, Messieurs les Jurés, vous me pardonnerez, je l'espère, le temps plus long qu'il me faudra vous prendre, d'après la tournure des débats, pour suppléer aux dépositions des témoins qu'on ne m'a pas permis de vous faire entendre.

Ce n'était pas seulement la fixation d'un point d'histoire que chacun de ces témoins représentait, c'était en même temps une façon d'abréger les débats, parce que je vous aurais dit : « Voilà les jalons de mon travail d'esprit; voilà des éléments constitutifs de ma conviction; voilà mes documents en chair et en os ! » Cela fait, je n'avais plus qu'à réduire au minimum mes explications, et, par conséquent, j'aurais usé beaucoup moins de votre patience.

Mais cette vérité vivante que je voulais mettre sous vos yeux, elle a été presque totalement supprimée, et je suis obligé, maintenant, de mettre devant vous la vérité documentaire, œuvre de longueur, — ce que je regrette pour vous beaucoup plus que pour moi.

Ma seule crainte est que mes efforts me trahissent pour pouvoir soutenir la tâche jusqu'au bout : le régime de la prison n'est pas précisément propice à l'entraînement oratoire. J'avais demandé ma mise en liberté provisoire; de notables antimilitaristes en ont joui : tant mieux pour eux ! A moi, elle m'a été refusée. Comment, au bout de trois mois de détention et plus, avoir tous ses moyens pour condenser une cause pareille qui embrasse quatorze années et une documentation beaucoup plus haute que moi ?

Mon espoir, du moins, c'est que vous trouverez une large compensation dans la mission dont vous vous sentirez investis pour l'honneur de la population parisienne, dont vous émanez, et que le Dreyfusisme est venu provoquer directement au Panthéon.

Tout est là, nous avons été provoqués, nous avons été défiés, nous avons été poussés à bout. Nous étions véritablement en état de légitime défense. Je plaide la légitime défense contre les attaques réitérées du Dreyfusisme abusant de sa victoire, accaparant la place publique, la force publique, les monuments publics, et traitant Paris comme l'armée, comme les institutions, comme la magistrature, en pays conquis.

Mais il n'y a de défense vigoureuse que celle qui sait contre-attaquer. Ma contre-attaque à moi, c'était de faire, dans la mesure du possible, la revision de la revision. Oui, la révision de la révision devant vous, Messieurs les Jurés, qui représentez la justice de la Nation.

La révision de la révision, c'est un bien gros mot, mais chose relativement légère en ne prenant que les grandes lignes, les points essentiels, d'où devra résulter que la cause jugée par la Cour de cassation l'a été dans des conditions absolument contraires, non seulement en Droit à la lettre et à l'esprit de la Loi, mais en Fait, aux éléments primordiaux de l'Affaire, qui sont restés les éléments constitutifs de ma conviction.

Quoi qu'il en soit, grâce à moi, c'est au jury qu'appartient à cette heure le dernier mot sur l'Affaire ; grâce à moi, son verdict, en s'imposant à tous, pourra faire la paix dans le pays. Et, grâce à vous, Messieurs les Jurés, un immense soupir de satisfaction sortira de toutes les poitrines françaises, si votre justice met le mot « Fin » au bas de cette page avilissante de notre histoire qu'il ne restera plus qu'à déchirer.

Ceci posé, je vais vous faire remonter à une époque qui vous semblera peut-être un peu lointaine ; mais je tâcherai de ne pas abuser de votre attention, et sans que vous vous en doutiez, vous saisirez, dans ce retour en arrière, un des éléments moteurs de l'Affaire.

Si je vous ramène d'abord à l'année 1890, c'est pour vous dire qu'à cette date nous avons vu notre attente patriotique exaucée par le relèvement de la France en armes. Nous avons salué à cette date la réapparition merveilleuse de nos forces militaires. La revue de Saint-Mihiel, comme les manœuvres du 6e Corps auxquelles j'assistais, présentèrent quelques-unes des plus belles troupes qu'on puisse voir..... Je m'y connais, on vous l'a dit, en comparaisons militaires. Eh bien, aucune armée au monde, à ce moment, ne pouvait inspirer autant d'espérances que l'armée française.

L'année suivante, en 1891, des grandes manœuvres sollicitent notre attention, sous le ministère de Freycinet à la Guerre. — Or, le 31 janvier dernier, M. de Freycinet, dans le débat des 28 jours, remportait un de ces succès oratoires qui font époque, même dans une longue vie comme la sienne ; quoique octogénaire, il tenait plus d'une heure sous le charme de sa parole tout le Sénat ; il était même l'objet d'une ovation, la plus belle dont on se souvienne au Luxembourg. J'avais l'occasion de le voir après cette séance du 31 janvier dernier, et l'entraînement de nos souvenirs communs nous reportant à ces manœuvres de 1891, il me disait à moi-même : « Ah ! oui, les belles manœuvres ! Je ne crois pas qu'elles aient jamais été dépassées. »

Il avait alors nommé, comme chef d'État-Major général, le général de Miribel, dont le masque si profondément militaire révélait toute la capacité. Il y avait des généraux tels que Saussier et Jamont.

Mais je dois abréger, et voici l'épisode qui va faire apparaître le personnage dont le rôle sera capital dans l'affaire Dreyfus, et qui démasquait en ces manœuvres une ambition militaire spéciale.

Au cours de l'opération finale, le général Davoust, qui commandait une des deux armées en présence, par un mouvement habile, a su « défiler » toutes ses masses d'infanterie pour les jeter sur le centre de l'armée adverse, commandée par le général de Gallifet. Ce fut un coup de maître.

Le général de Gallifet, qui semblait pris en défaut, accourait dans sa voiture d'État-Major ; un officier sautait de la voiture en même temps que lui, un officier tout galonné, tout aiguilleté d'or, et qui paraissait ce qui s'appelle l'*ad latus* du général. Nous autres, journalistes, qui ne sommes pas pourris de respect, de nous écrier ironiquement : « Tiens, voilà le généralissime Reinach ! » Cet officier d'ordonnance du général de Gallifet, à titre territorial, — excusez du peu ! — était, en effet, M. Joseph Reinach, aujourd'hui député, qui décelait en ces circonstances sinon ses aptitudes, au moins ses aspirations au point de vue militaire. Dans ce nom, dans cette personnalité, vous retrouverez l'homme agissant de l'Affaire. Son rôle futur est en germe.

Je vous fais passer à l'année suivante, 1892, pour vous montrer une autre scène ; nous, journalistes, nous vivons de ces instantanés, de ces types, de ces physionomies, de ces actualités qui rendent, il faut le dire, notre métier très varié, très instructif et attrayant.

C'était un matin où j'allais prendre à la gare du Nord le train du dimanche pour mon pied-à-terre campagnard. Deux personnes débouchaient de la rue de Dunkerque, un petit gros trapu, et un autre à barbe noire, qui me rappelait un député que je ne veux pas citer. Je précise seulement que le petit gros trapu, à l'air d'un lutteur, était le fameux Cornélius Herz. Cet écumeur d'affaires a manié beaucoup d'argent ; cet argent, il l'a pris dans la poche des contribuables pour nourrir les journaux de M. Clemenceau. Vous allez comprendre comment cela se rattache de plus en plus à l'Affaire.

Personne ne se doutait qu'avec Cornélius Herz un drame énorme prenait le train pour Londres. Le soir, en effet, on annonçait la mort du baron Jacques de Reinach, dans sa propriété de Nivilliers ; cette mort subite devenait le lendemain un suicide. Ce suicide était mêlé à la fameuse affaire du Panama, tellement qu'on arrivait à redouter toutes les compromissions parlementaires laissées comme héritage dans des listes et des talons de chèques par le défunt. Le baron Jacques de Reinach était une de ces puissantes personnalités d'affaires israélites, qui, pendant que nous nous agitons pour ramasser modestement quelques miettes, prennent les plus gros morceaux. On sait qu'il avait cherché à soutirer de la Compagnie de Panama des millions, mais malheureusement avec l'obligation, ayant été pris à la gorge par Cornélius Herz, de lui repasser quelques-uns de ces millions, après avoir accepté, lui, la mission de corrompre le Parlement français par l'intermédiaire d'un autre coreligionnaire, Arton. De sorte que le baron de Reinach est mort comme le Christ, entre deux larrons. Nous ne sortirons pas de la Judée!

Cette vue rétrospective, Messieurs les Jurés, c'est pour vous faire pénétrer l'un des dessous et peut-être le principal, l'un des secrets et peut-être le plus important de l'Affaire.

Comment se fait-il qu'après un second procès et un second jugement de Conseil de guerre, il y ait eu cette ténacité qui arrachait la question résolue, du fond du gouffre où elle était, pour en accabler la France ? Eh bien ! c'est qu'il y avait une tête ambitieuse qui possédait des secrets d'État et qui tenait tout le monde politicien à discrétion, l'héritier du baron de Reinach et de ses papiers, son gendre et neveu, M. Joseph Reinach, député.

Nous passons à l'année suivante, 1893. Il faut, puisqu'on n'a pas pu entendre M. Rousselle, que j'indique quel aurait été l'intérêt de sa déposition. J'étais le compagnon de chasse de M. Rousselle, lui demeurant près Pontoise, moi à Parmain ; nous étions voisins. Voici comment, par la suite de l'Affaire, il me renseigna sur la présence d'Alfred Dreyfus chez lui lors des grandes manœuvres de 1893 dans la région,

et sur une scène des plus significatives qui s'était produite
à son sujet.

Pour vous éclairer sur l'incident, je vais prier Me Couprie
de lire l'article que je fis dans le *Gaulois*, et qui pourrait
s'intituler : DREYFUS AUX GRANDES MANŒUVRES DE 1893.

« Dreyfus et le général Mercier sont comme deux partis
en présence devant la justice militaire française. Le destin,
le *fatum* antique, les avait déjà fait se rencontrer...

» On sait que l'auteur du fameux « bordereau » surpris
en 1894 par notre Service
de renseignements, termi-
nait ainsi cette lettre-mis-
sive : *Je vais partir en
manœuvres.*

» Un an juste aupara-
vant, le 27 août 1893, voici
la scène qui se passait en
cantonnement des grandes
manœuvres de l'Oise, dont
l'ouverture était immi-
nente :

» A Gérocourt, Boissy-
l'Aillerie, à quelques kilo-
mètres de Pontoise, et
dans les environs, était
cantonné le 2e cuirassiers.
Parmi les officiers figurait
un capitaine d'artillerie,
stagiaire de l'État-Major,
versé dans ce régiment de
cavalerie pour suivre les
manœuvres. Entre paren-

Me COUPRIE
Secrétaire de Me MENARD.

thèses, ce jeune capitaine avait avec lui deux très beaux
chevaux noirs et tout un attirail d'appareils photogra-
phiques.

» A déjeuner, les brillants officiers de cavalerie et leur
camarade occasionnel, capitaine d'artillerie, étaient invités
et réunis par le propriétaire de céans à sa table familiale.
Très galant homme, non moins connu sur le bitume parisien
que dans la région pontoisienne, agronome émérite, doublé
d'un grand chasseur devant l'Éternel, ce propriétaire avait
fait princièrement les choses, ou patriotiquement, comme

l'on voudra. D'autant qu'il a gardé le culte de la cavalerie, où il fit son service militaire avec grades à la clé.

» Vous voyez d'ici l'entrain et la gaieté de ce déjeuner, où cette vibrante jeunesse militaire faisait assaut de belle humeur et d'esprit. Mais c'était surtout aux dépens de l'artilleur que s'exerçait la verve de nos cavaliers. Lui, le stagiaire, le nez dans son assiette, ripostait peu. De légers haussements d'épaule, un demi-sourire, c'était tout.

» On se lève de table. Les cuirassiers suivent leur hôte pour prendre le café et les cigares au jardin. L'artilleur préfère tenir compagnie aux dames, et l'histoire dit qu'il les sut intéresser par sa conversation autant que par ses talents de photographe.

» Au jardin :

» — C'est égal, fit l'amphitryon rieur à ces officiers de cuirassiers, encore tout allumés de leur petite brimade de tout à l'heure, vous l'avez malmené, votre camarade d'artillerie. Mais je l'ai trouvé bien renfermé.....

» — *Ce Dreyfus !* répliqua un assistant. Il se dit Alsacien, *mais il est plus Prussien que Français ; je le tiens pour capable de tout, et vous verrez qu'on en entendra parler.....*

» N'était-ce pas le capitaine en second, aujourd'hui commandant V..., qui tirait, un an avant le procès de 1894, cet étrange horoscope sur le capitaine d'artillerie Dreyfus, stagiaire d'État-Major — car c'est ce dernier qui était là ?

» C'est un fait à ajouter aux autres qui prouvent que Dreyfus n'inspirait qu'antipathie et défiance à ceux qui l'approchaient ou le connaissaient. Tout son être, ses allures dégageaient donc un rayonnement de suspicion, en contraste flagrant avec l'ambiance de loyauté chevaleresque qui est l'apanage de ce noble métier militaire.

» Or, c'est à ces mêmes manœuvres de l'Oise, en 1893, que la personnalité du général Mercier devait émerger avec un certain éclat.

» Il commandait l'*ennemi figuré* dans la phase finale des manœuvres, et, par sa résistance aux deux corps d'armée adverses, il fit preuve d'un talent de manœuvrier hors de pair. La façon dont il opéra, les deux derniers jours de combat, à la ferme de Belle-Assises et devant Beauvais, le classa parmi nos futurs généraux d'armée.

» J'ai raconté, à l'époque, ces épisodes mouvementés et l'intérêt que les attachés militaires étrangers prirent à cette quasi-révélation. Il y avait là Schwartzkoppen et Panizzardi, les deux compères, cependant que le capitaine Dreyfus, ainsi qu'on vient de le voir, assistait de son côté à ces brillantes opérations.

» Ne fut-ce pas là comme une rencontre fatidique ? Et quelle indication de la destinée que celle qui faisait déjà se mouvoir les uns près des autres ces personnages du drame formidable actuel, général Mercier, capitaine Dreyfus, et les attachés étrangers Schwartzkoppen et Panizzardi ! »

Je viens de parler du général Mercier. Je n'épouse aucunement sa cause, et il est bon que je dise à MM. les Jurés que ma conviction personnelle, je me l'étais faite en dehors de lui. J'ai vu le général Mercier en tout et pour tout une fois, postérieurement, c'était au moment du duel de son fils.

La conversation, par la force des choses, vint à porter sur le rôle du Syndicat Dreyfus — on peut bien l'appeler le Syndicat, vous ne trouverez pas dans ma bouche une parole agressive, je fais de l'histoire, — sur le rôle de ce Syndicat, sur l'emploi de ses millions fournis par les Juifs du monde entier, sur la corruption des gens de lettres et l'achat des journaux avec cet argent ; et même je détrompai le général sur les raisons qui avaient fait de tel grand organe un défenseur de Dreyfus. Voilà tout ce que j'ai eu comme rapports avec le général Mercier.

J'ai eu également des rapports, par la suite de l'Affaire, avec le chef d'État-Major général ; ce n'est pas sa faute s'il a été chef d'État-Major au moment où notre Service de renseignements saisissait une pièce qui compromettait gravement Dreyfus et des attachés militaires étrangers. Je rencontrai ce général, le général de Boisdeffre, et je lui dis : « Mon général, ne vous faites aucune illusion ; d'après les meneurs de l'Affaire, ou vous êtes des canailles, ou vous êtes des imbéciles à l'État-Major ; vous êtes des canailles si vous avez fait condamner Dreyfus par haine de race; vous êtes des imbéciles si vous vous êtes laissé fourrer dedans ! »

Le général de Boisdeffre fut un peu estomaqué de mon apostrophe, et il me répondit : « C'est une question trop grave pour être traitée ainsi. L'État-Major est impuissant dans l'Affaire, il a rempli son rôle ; mais ce n'est pas une question d'État-Major, c'est une question de gouvernement, qui sait ce qu'il faut savoir, et qui seul est juge de ce qu'il faut faire. »

Cela ne m'apprenait pas grand'chose, mon opinion étant

déjà faite. Cependant, le général de Boisdeffre avait trouvé qu'il s'aventurait un peu trop en prenant un journaliste militaire comme confident de cet aperçu des dessous de l'Affaire ; et, le soir même, il m'envoyait son officier d'ordonnance, M. Pauffin de Saint-Maurel, pour me dire : « Le général vous a parlé d'homme à homme, mais non pas pour que vous en fassiez une interview. » Ce à quoi j'ai déféré.

Dans tous les cas, vous venez de voir apparaître à la fin de 1893, — et vous comprenez combien le récit fait par M. Rousselle était plus probant que ma reproduction, — vous voyez apparaître le génie du mal, qui sera cause, entre autres calamités, de l'arrêt de notre relèvement militaire.

Mais l'année 1893 n'était pas de celles qui devaient faire craindre cet abaissement de l'effort que nous avions entrepris pour relever le pays et ses armes ; au contraire, elle finissait pleine de promesses avec l'arrivée des marins russes et de l'amiral Avellan. A Toulon comme à Paris, vous vous rappelez que, selon le mot du tsar, ce furent des fêtes inoubliables. A ce moment, la marine russe venait rendre à la marine française la visite qui lui avait été faite à Cronstadt quelque temps auparavant par l'amiral Gervais.

L'amiral Gervais, avec sa grande allure et cet aspect de marin consommé qui le caractérisaient, avait produit la plus vive impression à Saint-Pétersbourg auprès de l'empereur de Russie, et notre marine elle-même avait montré tout ce qu'il y a de ressources en hommes et en valeur dans un pays tel que la France. C'est le clou auquel je rattache tous nos événements extérieurs. La Russie avait réfléchi sur la situation que lui avait faite le machiavélisme bismarckien avec le traité de San-Stefano, sur les questions de politique étrangère engagées entre elle et l'Allemagne, et elle se prêtait à un rapprochement avec la France ; sa marine venait, ainsi que je l'ai dit, rendre en France la visite de l'amiral Gervais à Cronstadt et à Saint-Pétersbourg. La marine française fut en définitive le premier agent de l'alliance russe. Ceci montre quel prestige elle gardait à cette époque.

Je ne crois pas envenimer le débat en disant qu'il n'y avait pas encore, dans notre admirable corps de marins, un officier comme cet autre Juif, Ullmo. C'est une fatalité ! Enfin, on peut dire qu'à ce moment un essor d'espérance et d'ambition gonflait nos cœurs.

Vous comprenez, Messieurs les Jurés, si vous avez suivi ces événements, le bel effort de notre diplomatie pour arracher la France à son isolement, et lui donner cet appui puissant de la nation qui contre-balancerait à l'autre front de l'Allemagne les menées de l'ennemi que nous avons à nos portes de l'Est. Cela fut l'œuvre de notre marine d'abord, ce sera l'œuvre de notre armée ensuite.

Les grandes manœuvres de 1895, en présence du général russe Dragomiroff, la revue de clôture des manœuvres à Mirecourt, en présence du prince Lobanof, ministre des Affaires étrangères de Russie ; puis la revue de Châlons en l'honneur du Tzar, et enfin celle de Bétheny, devaient convertir l'entente en alliance. Mais nous n'en sommes qu'aux Marins russes.

Ainsi finit l'année 1893; il n'y avait pas encore d'Affaire !

En 1894, je ne sais pas si beaucoup d'entre vous se le rappellent, et je m'excuse encore une fois de vous faire remonter aussi loin, — bien que l'acte du Panthéon dérive directement de ces événements, — en 1894, une nouvelle sensationnelle éclatait à Paris sous forme d'un numéro de la *Libre Parole* du 1er novembre 1894, annonçant :

«Haute trahison. — Arrestation de l'officier juif A. Dreyfus.»

Pour être très sincères, beaucoup se demandaient, et j'avoue que je n'en étais pas très éloigné, si l'on n'exagérait pas un peu ; si la campagne antisémitique n'était pas pour quelque chose dans cette révélation sensationnelle ; si véritablement il y avait bien eu haute trahison, et si l'officier était aussi coupable qu'on semblait l'indiquer. L'émotion n'en fut pas moins vive, et l'arrestation du capitaine Dreyfus défraya toutes les polémiques et toutes les conversations.

Mais ce même numéro de la *Libre Parole* provoquait dans un autre endroit une émotion au moins aussi vive qu'à Paris : c'était à Potsdam, c'est-à-dire au Versailles allemand, le château impérial qui se trouve à côté de Berlin, où le courrier du matin apportait le numéro dont s'agit avec, en tête, ces mots au crayon bleu : « *Der Kap Dreyfus ist gefangen* », et le timbre du cabinet militaire de l'empereur, à Berlin. C'est le cabinet militaire qui prévenait de la sorte le souverain. L'empereur d'Allemagne de sauter immédiatement dans son coupé ou dans le train, et de se rendre à Berlin. Apparemment, c'est que l'arrestation du capitaine Dreyfus l'intéressait au premier chef.

On dira : Tout cela, c'est après coup. Non, ce fait était révélé à cette époque dans un journal, l'*Echo du Nord*, où les détails furent donnés tout au long par celui même qui avait vu le numéro de la *Libre Parole* dans la chambre de l'empereur, un Alsacien comme Dreyfus, M. Mertian de Muller, avocat à Lille, en voyage à Berlin, à l'occasion des congés de la Toussaint, et que j'ai été voir en personne pour savoir si c'était une légende ou non.

M. Mertian de Muller me raconta par le menu la visite qu'il avait faite à Potsdam. Il y était avec un autre Lillois, M. Froment-Meurice, je crois. A Potsdam, le majordome leur dit : « On ne visite pas en ce moment. »

M. Mertian de Muller, qui parlait l'allemand comme le français, ne fut pas embarrassé pour si peu ; il sortit de sa poche une poignée de marks, et alors le majordome ou portier, convaincu (ce qui arrive souvent aux Allemands) par cette raison sonnante, dit : « Allons vite ! l'empereur est parti brusquement, on ne sait pourquoi, mais nous aurons le temps de tout voir, jusqu'à son pot de chambre, » ajouta-t-il, en plaisanterie germanique au gros sel.

Les deux visiteurs parcoururent les diverses pièces de l'appartement, toujours pressés par leur guide, qui leur disait : « *Schnell ! schnell !* » (Vite ! vite !). — Mais pendant que M. Froment-Meurice se laissait conduire, M. Mertian de Muller était tombé en arrêt devant une table qui se trouvait vis-à-vis du lit de l'empereur..... Voici la description de la pièce telle que me l'a donnée M. Mertian de Muller : d'un côté, le lit de milieu, petit lit de cuivre de l'empereur ; en face, au mur, le portrait du Premier Consul : « L'ennemi héréditaire..... que l'Empereur veut toujours avoir devant les yeux », fit sentencieusement le guide.

A cet égard, vous avez vu, Messieurs les Jurés, que, récemment, la première visite des princes impériaux allemands de passage à Paris fut pour le tombeau de Napoléon aux Invalides. En Allemagne, on se demande toujours quel génie ce devait être, et quel pays à surprises est la France, pour avoir pu mettre la Prusse à deux doigts de sa perte en 1806 ; ils en restent stupéfiés.....

Je continue la description de la chambre à coucher impériale : au centre une table ; sur cette table l'*Annuaire* de l'armée allemande, relié en rouge ; puis ce numéro de la *Libre Parole*, jeté là comme dans un mouvement de colère, avec son annotation au crayon bleu :

« *Der Kap Dreyfus ist gefangen.* » En français, le capitaine Dreyfus est « pris. »

Et le timbre hexagonal du cabinet militaire.

Rentrant en France, M. Mertian de Muller apprend l'arrestation de Dreyfus, et alors un travail d'esprit s'opère en lui ; il se dit : « Tiens, *Der Kap* Dreyfus est connu du Cabinet militaire allemand, sans quoi il n y aurait pas eu sur le journal ce coup de crayon bleu. »

C'est alors qu'il raconta cette visite à Potsdam. Il paraît que cela était assez inquiétant ou gênant pour d'autres, car M. Mertian de Muller fut l'objet de démarches en vue de modifier ou retirer son récit. Il reçoit un jour là visite de deux personnes qui demandent à lui parler ; il les reçoit comme un avocat doit recevoir dans son cabinet les visiteurs, comme il me reçut moi-même plus tard.

L'une de ces personnes lui dit :

— Vous avez laissé paraître dans les journaux une interview ; certainement votre mémoire vous a fait défaut ou vous avez voulu tromper vos lecteurs.

— Ah ! elle est forte ! J'ai rapporté le plus fidèlement possible une chose que j'ai vue, de mes yeux vue ; quel intérêt voulez-vous que j'aie à dire autre chose que ce que j'ai vu ?

— A supposer que cela soit, il faut le changer.....

— Comment ! Expliquez-vous !

— Eh bien ! ce n'est pas du tout « *Der Kap Dreyfus ist gefangen* » qu'il y avait.

— Si ce n'est pas « *gefangen* », je veux bien que ce soit « *genommen* »; l'un ayant plutôt le sens de « pincé », l'autre de « pris », et un mot allemand presque synonyme peut s'être substitué à l'autre dans ma mémoire.

— Non, il y avait ou il devait y avoir « *eingeschlossen.* »

(*Eingeschlossen*, de *Schloss*, serrure, fermeture, veut dire « enfermé, » et l'on comprend la différence avec *gefangen*, *pris*, dans le sens de *pincé, attrapé*, voire *pris au piège*.)

— Cela, jamais de la vie !

— Eh bien ! nous n'y allons pas par quatre chemins : quelle somme d'argent voulez-vous pour faire cette simple rectification ?

— Mais voyons, à qui donc ai-je affaire ?

— Je m'appelle « Qui paye rubis sur l'ongle, » et puis, je représente le Syndicat Dreyfus ; il a vingt millions maintenant, il en aura trente, il en aura plus encore ; ce qu'il faudra faire pour mener la campagne jusqu'au bout, il le fera.

— Je regrette, fit M. Mertian de Muller, mais (il a employé cette expression) j'ai *les pieds nickelés.*

Sur cette réponse froide et bien décidée, les deux visiteurs s'en allèrent en faisant claquer la porte et disant : « Oui, nous irons jusqu'au bout, et s'il faut mener la France jusqu'à la guerre, nous l'y mènerons ! »

Tout cela m'a été raconté par lui-même, M. de Muller, mort depuis.

Voilà le cas de Dreyfus éclairé par cette phrase révélatrice que Dreyfus est connu à Berlin et du Cabinet militaire impérial. — Je serai bref, tout en étant peut-être plus documenté que d'autres, sur l'importance de l'espionnage au point de vue militaire. L'espionnage est, malheureusement, un véritable rouage de l'immense machine que constitue une armée, surtout dans des pays comme l'Allemagne, où il est organisé de la façon la plus savante et la plus méthodique. Chez nous, nous avions fait des merveilles avec notre Service des renseignements avant qu'il ne fût brisé par le Dreyfusisme ; eux, les Allemands, ont l'espionnage comme ils ont de la cavalerie, de l'infanterie, etc. ; c'est une arme spéciale, un service occulte, avec des ramifications qui nous échappent. Leurs agents ont un système très simple ; quand on leur dit : « Je vous tiens », ils répondent : « Jamais de la vie ! » Ils mentent méthodiquement, comme ils ont falsifié autrefois la dépêche d'Ems ; c'est de tradition. On pince un de leurs espions ; ils répondent : « Connais pas. »

Il y a eu en France un cas frappant, celui de l'attaché militaire des Etats-Unis, l'officier Borupt, qui poussa des cris de paon, lorsqu'on le prit en flagrant délit d'espionnage : « Je suis un gentleman, déclarait-il, cela doit vous suffire. »

On lui montra, sur preuves péremptoires, qu'il avait été filé et qu'il avait été pincé. Borupt a été alors évacué, et on l'a remplacé par un autre attaché militaire à l'ambassade des Etats-Unis. Hier je me suis servi du mot de « mèche » ; il est à propos ici, car Borupt fournissait à l'attaché militaire allemand les renseignements dont celui-ci avait besoin dans certains cas ; c'était un arrangement entre eux.

Telle était donc la position de la question pour Dreyfus, lorsque le *Journal des Débats*, le 25 novembre 1894, publie une lettre, signée : « UN VIEIL OFFICIER D'ÉTAT-MAJOR. » En effet, rien qu'à la tonalité de l'article, je vois que c'est un homme qui connaît son affaire : « Nous allons, dit-il, sortir des hypothèses de journaux, des commérages de reporters, pour entrer dans l'étude technique. » Cet article, qui serait à lire en entier, a pour titre naturellement : « L'AFFAIRE DREYFUS. »

L'auteur, qui montre là le bout de l'oreille favorable à l'atténuation des faits, ne comprend pas d'abord comment le général Mercier a pu laisser s'ouvrir un débat aussi grave, mais il ajoute :

Comme on ne saurait admettre un seul instant qu'il ait pu s'élever un si grand bruit pour rien, ou pour peu de chose ; comme on répugne à supposer qu'un ministre de la guerre ait soulevé, non seulement sans de sérieuses présomptions, mais encore sans une quasi-certitude, un scandale qui ne peut avoir pour résultat que de semer la division et la suspicion dans l'armée aussi bien que dans le pays, on s'étonne que le nôtre s'en remette si philosophiquement à l'instruction du soin de faire la lumière sur différents points très essentiels qui, pour lui, n'auraient jamais dû rester seulement indécis.

Encore un peu, c'est le général Mercier qui aura tort d'avoir laissé s'introduire un type comme Dreyfus à l'État-Major.

Dans un grand État-Major général, plus que nulle part ailleurs, il ne devrait y avoir de collaborateurs ni même d'auxiliaires soupçonnés, parce qu'il n'y devrait jamais entrer personne de soupçonnable, — condition d'autant plus facile à réaliser *que l'armée est la maison de verre par excellence.* Je mets en fait que, après des années d'une vie où tout se passe en commun, le travail comme le plaisir, sous les yeux toujours curieux et souvent jaloux de ses supérieurs, de ses égaux ou de ses inférieurs, *un officier est, comme on dit vulgairement, coté,* et que, si l'on ne sait pas toujours ce qu'il fait, *du moins peut-on toujours savoir ou présumer ce qu'il est capable de faire.*

Les débats si poussés du procès de Rennes ont fait connaître la « cote d'amour », c'est-à-dire très douteuse donnée à Dreyfus par ses chefs ; — quant à ce qu'*il était capable de faire*, je vous ai cité le propos typique d'un de ses supérieurs et le sentiment de ses camarades en cantonnement chez M. Rousselle, aux manœuvres de 1893: «Capable de tout !»

Cela est d'autant plus vrai pour les officiers qui ont passé par deux ou même trois écoles (et en dernier lieu par l'École supérieure de guerre), où les années d'apprentissage sont aussi des années d'épreuve morale. Si donc il se rencontre par hasard, parmi eux un de ces hommes que les notes d'inspection générale qualifient de « *douteux* », la plus élémentaire prudence commande de ne point l'affecter à des *emplois où est déplacé tout officier qui n'est pas réputé absolument sûr, et dont tous les chefs, sans exception, ne pourraient pas répondre « comme d'eux-mêmes »*.

Je ne vois donc rien qui puisse dégager leur responsabilité, à moins que l'on n'adopte quelque SUPPOSITION qui, du même coup, ATTÉNUE *dans une certaine mesure celle de l'inculpé lui-même.....*

.....Outre que je ne suis pas de ceux qui excitent de gaieté de cœur « à la haine et au mépris » envers toute une catégorie de citoyens, et qui diraient volontiers : « Ce n'est rien ; c'est un Juif que l'on étrangle, » — d'instinct, je me range du côté des gens simples qui se refusent à croire, jusqu'à démonstration du contraire, à la réalité du plus abominable de tous les crimes, ou qui du moins s'efforcent D'Y TROUVER UNE EXPLICATION QUI EN DIMINUE L'HORREUR. — Or, cela ne me semble pas absolument impossible.....

Tout ce qu'on aurait pu relever à sa charge, ce serait certaines fréquentations, de celles que l'on qualifie d'interlopes ; certains rapides voyages hors frontières, peut-être très explicables, mais restés jusqu'à présent inexpliqués (pour nous).

Qui sait si l'on ne trouverait pas de ce côté *le bout de fil conducteur* que l'on a, je veux dire que MM. les reporters ont vainement cherché jusqu'ici ?

En effet, le métier d'officier d'Etat-Major, surtout du grand Etat-Major général, a des séductions et des tentations inconnues au simple officier de troupes. Tenu de savoir beaucoup de choses, et de très diverses ; à même d'en apprendre davantage, et d'autant plus apprécié de ses supérieurs qu'il sait mieux et a beaucoup appris, il brûle du désir de se signaler, de se pousser, et ce ne sont ni les moyens, ni les occasions qui lui manquent. Il a pu être employé dans une de *ces négociations louches, mais nécessaires, où l'on est très souvent* FORCÉ DE TENDRE D'UNE MAIN POUR RECEVOIR DE L'AUTRE, et, pour peu que l'ambition le talonne, *il peut vouloir profiter* de la leçon, de l'expérience, *voire des relations ainsi établies* ou d'autres analogues.

9

Toute la différence, qui est grande, il est vrai, c'est qu'il aura agi dans le premier cas avec l'autorisation de ses chefs et aura été « couvert » par eux, selon l'expression consacrée ; dans le second, *spontanément et à ses risques et périls. — Supposez-le réussissant et en passe de prouver de la sorte son flair, sa sagacité, son habileté à la fois diplomatique et militaire ; quelle « bonne note » et comme cela peut aider puissamment à son avancement et à son avenir ! Mais, aussi, supposez-le s'embrouillant par inaptitude ou par malechance, au cours d'une intrigue dont le dénouement seul peut être connu, et qui, à tout prix, doit réussir ; représentez-vous-le* SURPRIS DANS UNE POSTURE QUI PRÊTE A L'ÉQUIVOQUE, *quel écroulement de ses petits plans et de ses grandes espérances, et à quels légitimes soupçons n'aura-t-il pas prêté le flanc ?.....*

Voilà mon hypothèse.....

.....Un Français, un Alsacien, un homme qui porte un uniforme respecté entre tous, est sous le coup de l'accusation la plus grave, inculpé du crime le plus odieux ; tant que je ne serai pas fixé, j'aimerai mieux le croire IMPRUDENT QUE COUPABLE, *et je me dis qu'il sera toujours bien temps de l'accabler et de le maudire.*

UN VIEIL OFFICIER D'ÉTAT-MAJOR.

C'est ainsi qu'un Vieil officier d'État-Major plaide à cette date de 1894, lorsque les grands conflits ne se sont pas encore déchaînés, les circonstances atténuantes sur le terrain technique en faveur de Dreyfus, en prison au Cherche-Midi.

Quand on est du « bâtiment », on ne peut que déduire d'un pareil article qu'il était « inspiré », comme nous disons dans la langue du métier, et qu'il avait pour but d'offrir comme un terrain d'accommodement ou de transaction au général Mercier, contre lequel le « Vieil Officier d'État-Major » témoignait plutôt de l'amertume. Mais la tendance à l'atténuation et à l'arrangement n'était pas dans les idées du général Mercier ni de l'État-Major, parce que, très probablement, on jugeait la situation de nature à comporter un acte décisif.

A mon point de vue personnel, ce qui dut créer un parti irréductible au Ministère de la Guerre et dans notre État-Major, c'est qu'on allait procéder à la transformation de notre artillerie, et que toute divulgation était de nature à jeter le trouble le plus profond dans cette entreprise considérable et délicate qui, grâce à la sévérité des mesures prises par nos Directions militaires, put être tenue assez secrète pour surprendre et presque effrayer le monde de la guerre à Berlin. J'ai eu à cet égard des détails très curieux, mais cela nous entraînerait trop loin.

Voilà comment, à mon point de vue professionnel, en dehors de tout esprit de parti, se présentent les origines de l'Affaire, et comment ce que j'avais considéré peut-être, non pas comme une machination ourdie contre un officier juif, mais comme une exagération de l'esprit militaire, s'est expliqué.

Les événements suivent leur cours et Dreyfus est à l'instruction.

Passons rapidement, sauf en ce qui concerne un fait que voici. C'est encore un peu d'histoire rétrospective, mais vous y verrez que la gravité du conflit qui s'élevait n'était pas l'arrestation du capitaine Dreyfus.

Les journaux du 13 décembre suivant publiaient cette note de l'*Agence Havas* :

Plusieurs journaux persistent à publier des renseignements complètement faux sur l'affaire Dreyfus.

Il est absolument inexact que M. de Munster en ait entretenu M. Hanotaux autrement que pour protester formellement contre toutes les allégations qui mêlaient l'ambassade d'Allemagne en France à cette Affaire. Nous sommes également en mesure de démentir que le Ministre des Affaires étrangères ait remis au comte de Munster aucun document ou aucune pièce de quelque nature que ce soit, se rapportant soit à l'affaire Dreyfus, soit à des faits d'espionnage.

Voilà un démenti catégorique en apparence. Or, nous, journalistes avertis, voici comment nous interprétons ces communiqués : « Plusieurs journaux persistent à publier des renseignements complètement faux sur l'affaire Dreyfus, » nous lisons, nous : « Plusieurs journaux publient des renseignements complètement plausibles sur l'affaire Dreyfus. » — « Il est absolument inexact que M. de Munster en ait entretenu M. Hanotaux » ; nous lisons : « Il est certain que M. de Munster a entretenu..... » — « ..... Autrement que pour protester formellement contre toutes les allégations qui mêlaient l'ambassade d'Allemagne en France à cette Affaire. » Cela, c'est possible ; l'ambassade d'Allemagne, en tant qu'ambassade, n'a pas été mêlée à cette Affaire ; mais à l'ambassade il y a un bureau d'espionnage, là se trouve un des éléments de la vérité ; le bureau de l'attaché militaire, à l'époque, colonel de Schwartzkoppen ; là est l'un des nœuds de l'imbroglio.

« Nous sommes également en mesure de démentir que le Ministre des Affaires étrangères ait remis au comte de Munster aucun document ou aucune pièce de quelque nature que ce soit, se rapportant, soit à l'affaire Dreyfus, soit à l'affaire d'espionnage. » Nous disons, nous : « Il est certain qu'il y a eu pièce sous roche. » On ne parle que du Ministère des Affaires étrangères ; mais pas un mot de la scène qui va se passer à l'Élysée.

Je viens de lire : « Il est inexact que M. de Munster ait entretenu M. Hanotaux..... » Or, d'un autre côté, nous avions, à cette époque, une maladie diplomatique de M. Hanotaux. A trois jours d'intervalle, voici le certificat donné par les docteurs Proust et Mercier : « M. Hanotaux est entré en convalescence et sera obligé de garder la chambre quelques jours. »

Cette dépêche du 13 décembre 1894, de l'*Agence Havas*, fixe la date de la fameuse nuit historique : c'est à l'Élysée même que M. de Munster, sur dépêches survenues de Berlin, se rendit ensuite pour avoir un long conciliabule avec M. Casimir-Perier. Le Ministre de la Guerre, général Mercier, se tenait là en permanence avec le général de Boisdeffre, chef d'État-Major général, pour être prêt à toutes éventualités. Et ce n'est qu'à minuit que le général Mercier, sur une dernière dépêche reçue de Berlin, put dire au général de Boisdeffre et aux officiers d'État-Major attendant à côté, pour le cas d'ordres de mobilisation à transmettre : « Vous pouvez aller vous coucher, ce ne sera pas pour cette fois ! »

Quand les choses ont failli se gâter à ce point, quel est l'homme de bon sens qui ne comprend qu'il y avait un dessous de l'Affaire compromettant pour quelqu'un que nous allons retrouver à Berlin ?

Enfin, voici Dreyfus au Conseil de Guerre. J'y vais naturellement avec des camarades de la presse. Avant le prononcé du huis-clos, nous voyons bien l'accusé ; nous sommes, lui et moi, à la même distance que je me trouve ici d'un de ces messieurs du banc de la défense ; je puis me faire, d'après sa tenue et sa physionomie, une opinion personnelle ; je prends *un instantané* moral. Or, si c'était un officier innocent, de notre race, est-ce qu'il aurait cette attitude morne ? Est-ce que ce ne sont pas des cris de révolte que, se trouvant en regard de la presse parisienne, il proférerait en une protestation énergique pour dire : « Je suis la victime d'une affreuse méprise ou d'une atroce machination ? » Nous comprendrions tout cela. Eh bien ! non, l'attitude de Dreyfus est accablante pour lui, et je vous dirai ce que j'en ai dit, à la sortie, aux coreligionnaires de Dreyfus qui m'interrogeaient :

— C'est un renard *pris au piège*.

Je ne me doutais pas de rendre aussi bien l'un des sens du mot *gefangen*, qu'un de mes confrères parlant allemand vient seulement de me traduire dans ses diverses significations, par lettre à moi adressée à la Prison de la Santé.

Je ne me doutais pas surtout d'avoir eu la même impression sur l'accusé que M. Lépine lui-même, notre préfet de police, l'homme populaire de Paris, déposant le 24 avril 1899, lors de la première Enquête à la Cour de cassation, sur ces débats du Conseil de guerre de 1894, auquel il assistait :

» Quant à l'accusé lui-même, *rien dans son attitude n'était de nature à éveiller la sympathie, malgré la situation tragique* dans laquelle il se trouvait..... Il niait tout, *d'une voix atone, paresseuse, blanche.*

« Parfois, au cours des débats, sa figure se plissait convulsivement ; parfois un soubresaut le soulevait ; mais *pas un mouvement d'indignation, pas un cri du cœur, pas d'émotion communicative.* »

[Et M. Grégori fait donner lecture par Me Coupry de l'article qu'il publia dans le *Gaulois* sur ses souvenirs de cette ouverture d'audience du Conseil de guerre de 1894.]

Dreyfus est condamné. Quelques jours encore, et le 5 janvier 1895 au matin, il est conduit à l'École militaire pour subir sa peine de la dégradation. Le soir de la triste cérémonie, on lit dans le journal le plus sûrement informé de Paris, celui dont le reportage puise ses renseignements aux sources les plus exactes, j'ai nommé le *Temps*, numéro portant la date du 6 janvier 1895 :

Une déclaration du Condamné

La foule s'est écoulée, émue, dans la cour. On raconte qu'Alfred Dreyfus aurait fait allusion à sa conduite, en parlant à ses gardiens, alors qu'il attendait l'heure d'être conduit dans la cour où il devait expier.

Nous avons pu contrôler ses paroles ; les voici à peu près textuellement :

« *Je suis innocent.* Si j'ai livré des documents à *l'étranger,*

» *c'était pour amorcer et en avoir de plus considérables* ; dans trois
» ans, on saura la vérité, et le Ministre lui-même reprendra mon
» affaire. »

« Nous avons pu contrôler », imprime le *Temps* ; est-ce
assez clair ?

Quand le *Temps* déclarait reproduire « à peu près textuellement » les déclarations de Dreyfus au capitaine
Le Brun-Renaud chargé de sa garde, déclarations faites à
travers une série de propos interrompus pendant près de
trois quarts d'heure qu'ils passèrent en tête-à-tête, cet « à
peu près » voulait dire que notre confrère, au lieu de *documents livrés à l'Allemagne*, selon les aveux de Dreyfus, se
contentait d'imprimer par circonspection : « Livrés à
l'étranger. »

Remarquez la frappante analogie entre ces déclarations « contrôlées » de Dreyfus, — que *s'il a livré des documents*, c'était pour amorcer et en *avoir de plus considérables,*
— et la thèse plaidée tout à l'heure par le Vieil officier
d'État-Major dans le *Journal des Débats,* que Dreyfus a pu
« *tendre d'une main pour recevoir de l'autre.* »

Quelques jours se passent encore ; et, à la stupéfaction
générale, M. Casimir-Perier, toujours sans doute sous le coup
des impressions ressenties depuis la nuit historique, donne
sa démission de Président de la République par une lettre
conçue en termes sybillins.

Et le lendemain matin, la première personne qui se présentait chez notre ambassadeur, M. Herbette, à Berlin, pour
le questionner au sujet de cette démission, c'était l'empereur
Guillaume lui-même, le kaiser. Que voulait-il savoir, en
sondeur, comme on dit familièrement ? Plus que probablement la notion que M. Herbette pouvait avoir des dessous
du cas de Dreyfus, et du coup de crayon aventureux dont le
souverain trop impulsif avait livré ce nom sur un papier
échangé entre le cabinet militaire de Berlin, et l'attaché
militaire allemand, colonel baron de Schwartzkoppen, à
Paris. Sans la saisie d'un papier de ce genre, intercepté,
cambriolé par notre Service de renseignements et compromettant le kaiser aux mouvements toujours primesautiers,
la nuit historique avec les instructions pressantes trans-
mises de Berlin à l'ambassadeur, M. de Munster, n'aurait
aucun sens. C'est à ce point de vue qu'il était intéressant
d'entendre la déposition de M. Ferlet de Bourbonne, sur

les confidences faites à cet égard dans l'intimité par M. de Munster, lui-même, à notre ancien attaché militaire à Berlin, colonel Stoffel, lequel était resté son grand ami.

Tel est, Messieurs les Jurés, le cas de Dreyfus dans l'Affaire prise à sa source même. Par la suite, ce cas a été retourné, l'Affaire a été dénaturée ; l'argent du Syndicat a fait son effet dans la littérature et dans la presse ; un bouc émissaire a été substitué à Dreyfus dans la personne de l'officier d'aventure Estherazy, perdu de dettes, et passant en Angleterre pour déclarer de loin que c'est lui qui avait écrit le bordereau.

Tous ces *trucs* ne prouvent qu'une chose pour l'observateur perspicace et sur ses gardes : c'est la puissance de l'intrigue juive, la puissance de ses millions pour arriver à blanchir l'officier israélite imprimant cette nouvelle tache à sa race. Mais le fond de l'Affaire reste ce que je viens de vous dire.

Ma conviction ainsi faite, Messieurs les Jurés, et passée ensuite au crible de tous les arguments ultérieurs, de tous les faits nouveaux de la campagne dreyfusiste, — vous jugez de mon état d'âme à l'approche de la cérémonie du Panthéon avec participation de l'armée à cette apothéose de deux ennemis de l'armée : Zola, défenseur de Dreyfus, et Dreyfus lui-même, présent.

En quelques notes brèves, je n'ai plus qu'à vous transporter en plein événement.

Le 3 Juin, — transfert, dans la soirée, des restes de Zola du cimetière Montmartre au Panthéon. — La jeunesse des Écoles ameutée. — Les barrages au Quartier latin. — Ce que pensent les agents : « Il est impossible qu'il n'y ait pas de coups de revolver demain », me dit textuellement l'un d'eux ; — leur consigne est d'assurer le service d'ordre ; — leur sentiment intime, c'est qu'on leur fait faire une besogne indigne.

Place du Panthéon : arrivée du corps. — Et arrivée de Dreyfus par un tournant de la place, le long de la grille de face. Il demande où est l'entrée. Je la lui fais indiquer par un agent. Je pourrais le tuer.

Le 4 Juin : Lire sur le fronton du monument dont la coupole majestueuse domine Paris : « *Aux grands hommes, la Patrie reconnaissante !* »

Voir sur la place les troupes de la garnison de Paris en tenue de parade, tambours et musiques, drapeaux déployés, généraux et officiers, l'épée à la main !

Voir, face à l'entrée principale, immobile sur son cheval pendant toute la durée de la cérémonie, le gouverneur militaire de Paris, général Dalstein, avec les plumes blanches, faisant en quelque sorte le salut de l'épée aux héros qu'il s'agit d'honorer, Dreyfus et Zola !

Et avoir la conviction que j'ai, dont je crois vous avoir justifié, que Dreyfus était coupable, que l'écrivain, son défenseur, Zola, n'a voulu faire qu'une opération de journalisme ou de librairie, bien payée et bruyante, pour ramener l'attention sur lui !

De quoi n'être pas capable à cette vue ?

J'entre. Ma carte rose ne me donne droit qu'au promenoir, si j'ose dire.

Des *barrières à hauteur d'homme* ; — des nuées de gardiens, d'huissiers, d'inspecteurs de police, d'agents en civil qui vont et qui viennent ; des gardes municipaux montant la garde, le fusil à la main ou le sabre au clair Rempart infranchissable derrière lequel Dreyfus, au banc d'honneur, peut se croire complètement en sûreté. Le Saint-Sacrement n'est pas mieux gardé.

Je me demande si je ne dois pas renoncer, si je ne m'expose pas à faire une esclandre ridicule ; je bats en retraite ; je me trouve, à la porte de sortie sur la rue d'Ulm, face à face avec les deux confrères qui ont déposé.

Comment, Messieurs, une force invincible me fait-elle faire volte-face, passer par dessus ces barrières aussi hautes que moi, traverser les lignes successives du service d'ordre, le plus minutieusement, le plus sévèrement organisé, pénétrer enfin dans le groupe même de Dreyfus ?

Que s'était-il passé, pour à travers tant d'obstacles accumulés, tant de précautions prises, m'amener comme mû par un ressort, et droit au but ?

C'est que je venais d'entendre le Ministre de l'Instruction publique, M. Doumergue, chargé de prendre la parole à la cérémonie. Dans une tribune ressemblant à une chaire, ce prédicateur civil, en habit et cravate blanche, avait cruellement traité la langue et la pensée françaises, cela peut arriver à bien des ministres, mais il avait fait plus ; il avait osé parler au nom de l'Université, osé solidariser notre mère l'Université, l'*alma parens*, — je parle en ancien universitaire, — avec la cause de Dreyfus et de Zola.

Dans l'Université, je crois qu'il en est ce qu'il en était de mon temps ; il y a des esprits de tous les bords ; progressistes, novateurs, modérés, libéraux, parfois même des illuminés ! Ça ne gêne ni les uns ni les autres de se rencontrer, de causer en amis. De même, naturellement, il y a eu *drey-fusards* et *anti-dreyfusards*, les uns et les autres de la meilleure foi possible. Toutes les convictions sont libres. La bonne camaraderie d'école plane au-dessus de toutes les divergences d'opinion et de vie.

Mais enrégimenter l'Université dans un des deux camps, et dans le camp de Dreyfus ; faire prendre officiellement parti à l'Université dans un litige profond qui commande à tout le moins la réserve au corps enseignant, — cela ne pouvait se voir qu'avec le gouvernement qui s'est défini lui-même le régime de l'incohérence !

Qu'est-ce que Zola aurait dit du discours de M. Doumergue, lui qui, de sa lourde main fouailla souvent les parlementaires à l'égal des généraux ?

Oui, certes, je voudrais avoir son encolure et sa rage contre la phraséologie politique pour peindre en pied, comme il l'aurait fait, le Grand Maître de l'Université, prêchant l'évangile dreyfusiste aux professeurs, et engageant les jeunes potaches à se pénétrer des nouvelles beautés classiques de *Nana*, de *Pot-Bouille*, de *Thérèse Raquin*, etc.

Mais je préfère m'en rapporter à Zola lui-même, et le citer, flagellant le monde parlementaire :

La Chambre, c'est comme une écume d'ignorance et de vanité que le suffrage universel pousse dans Paris. Pantins d'un jour, illustres inconnus, plats ambitieux venant faire le jeu du plus fort et se contentant d'un os à ronger ; cerveaux malades, rêvant de venger leurs continuels échecs, tous les appétits déréglés et toutes les sottises lâchées ! Lorsqu'un homme simplement raisonnable passe et qu'il jette un regard sur ce grouillement qui fermente, il s'arrête, stupéfait, navré..... Quoi ! est-ce possible, est-ce donc la France qui est là ? Non, la France est ailleurs ; elle n'est pas avec la vermine qui la dévore ; elle est avec ceux de ses enfants qui peinent, qui travaillent.

Eh bien ! c'est le discours du Grand Maître de l'Université, bien petit maître en la circonstance, parlant une langue qui ne rappelait que de loin celle de Cicéron..... C'est ce discours, dont je ne relèverai pas le genre poncif et le style boursouflé, propres aux cérémonies officielles..... C'est ce discours qui a levé mes dernières tergiversations.

Ne fallait-il pas que l'Université, elle aussi, fût vengée de l'injure que lui faisait son Chef même en prétendant l'enrôler sous la bannière de Dreyfus et de Zola ?

L'enseignement de l'Etat en France mis au pas dreyfusard, concevez-vous, Messieurs, une telle monstruosité ?

Ces clichés ministériels et dreyfusistes de Lumière, de Vérité, de Justice, ces balivernes sonores, substituées à l'esprit scientifique, à la méthode expérimentale, avec une légère teinte de scepticisme, dans le bon sens du mot, *skeptikos*, qui scrute ; substitués au libre examen dans toute son étendue, caractéristique de l'esprit universitaire ; — plus rien de tout cela ! Il faut croire !

Il faut croire à Dreyfus et croire en Zola !

. . . .

Donc, j'ai vu l'armée, au dehors, obligée de rendre les honneurs à la cause de l'officier juif deux fois condamné par les Conseils de guerre ;

Et, au dedans, je vois l'Université mise en demeure d'adopter cette nouvelle doctrine, et d'y conformer son enseignement, d'y plier tout son personnel, maîtres et élèves !

Je saute par dessus les barrières. Vous savez le reste.....

Ai-je besoin de conclure, Messieurs les Jurés ? Les choses ne sont-elles pas assez parlantes ?

L'armée convoquée le 4 juin au Panthéon, par ordre du Gouvernement de Dreyfus — c'est le nom que portera dans l'histoire le Gouvernement actuel — et convoquée pour quoi? Pour rendre les honneurs militaires à la trahison de Dreyfus et à l'antimilitarisme de Zola !

Et quels honneurs militaires ? On en rendrait à peine de plus grands à la dépouille glorieuse d'un général nous ayant reconquis l'Alsace et la Lorraine.

Et à quel moment le Dreyfusisme tentait-il de faire subir cette sorte de dégradation publique à nos troupes, sans doute pour effacer définitivement le souvenir de la dégradation de Dreyfus ?

C'est lorsque nos soldats et officiers au Maroc, combattant ou tombant en héros, venaient de mériter une fois de plus à l'armée française, devant le monde, le respect et l'admiration.

En regard de l'armée, l'Université recevant de M. Dou-

mergue l'injonction d'être dreyfusarde ou de ne pas être !
Tout l'enseignement français averti par un Ministre de
l'Instruction publique de croire à l'Évangile selon Zola !

Comment voulez-vous qu'une génération comme la nôtre
ne soit pas profondément remuée, révoltée d'assister à de
pareils effondrements des rêves qu'elle avait conçus pour
son pays et pour elle-même ?.....

Il m'est revenu qu'un grand journal de modération républicaine avait traité mon acte de « folie ! » La folie, et même
la folie furieuse, ce fut celle du Dreyfusisme en arrivant à ces
excès frénétiques qui appelaient la camisole de force. J'ai
remplacé la camisole de force, voilà tout !

Voulez-vous, Messieurs les Jurés, que nous allions plus
loin, que Dreyfus fut à bon droit réhabilité pour cause de
doute ou d'erreur judiciaire ? Ce qui n'est pas ; mais admet-
tons-le pour poser les questions que voici, auxquelles il n'y
aura qu'une seule réponse à faire, c'est que les fameux privilèges du moyen âge n'étaient rien à côté des privilèges contemporains du Dreyfusisme insultant au principe d'égalité
inscrit sur les murs :

Pourquoi donc un gouvernement, dit républicain, prend-il
parti dans une cause du ressort purement judiciaire ? Pourquoi ses faveurs aux partisans de Dreyfus, les injustices et
les persécutions aux autres ?

Pourquoi ces députés et sénateurs, prenant dans vos
poches de contribuables, Messieurs les Jurés, les 35.000 francs
du crédit voté pour les frais du culte, à la cérémonie du
4 juin ? De même qu'ils vous avaient déjà pris les 34.000 francs
pour le remboursement des frais de justice de Dreyfus, et
avec la même élégance qu'ils se sont voté leurs 15.000 francs ?

Pourquoi, surtout, ce spectacle inouï de l'État organi-
sateur des célébrations dreyfusardes au point de se faire le
distributeur des cartes ?

Oui, « l'État c'est moi ! » pouvait dire Dreyfus au Panthéon, entouré qu'il était de tous les pouvoirs publics, président, ministres, sénateurs, députés, magistrats, hauts
fonctionnaires, ambassades, officiers de tous grades des
armées de terre et de mer, ceux-là convoqués par ordre.

Qu'il se lève, le Français comme vous, Messieurs les Jurés,
le natif comme vous, pour lequel ce gouvernement du peuple
français ferait jamais la moitié de ce qu'il a fait pour ce Juif ?
Qu'est-ce donc qui l'y force ? Quelle mainnvisible le pousse ?

J'ai soulevé le coin du voile. C'est que nos gouvernants et chefs dreyfusards sont de vieux complices, des complices collés par leurs mauvais coups, remontant aux mystères et aux cadavres du Panama.

Complices, les sénateurs et députés ayant voté la parade militaire du Panthéon ; — Fallières, Président non de la République, mais des cérémonies dreyfusardes ; — Clemenceau, le vieux stipendié des Juifs ; — l'ex-lieutenant-colonel en réforme Picquart, bombardé général et ministre de la Guerre, — plus vite et plus haut qu'un Bonaparte, — pour services exceptionnels dans la campagne de réhabilitation du Traître ! L'exemple de l'indiscipline mis à la tête de l'armée dont la discipline est la base.....

Voilà notre épopée, aujourd'hui ! Il y a cent ans, l'épopée impériale, au plus haut de sa splendeur, faisait de la France la grande nation et de son armée la grande Armée. Ce n'était pas seulement grâce au génie de Napoléon ; c'était grâce aux qualités de votre race qui prouvait, dans la personne de vos ancêtres, qu'elle est capable d'étonner le monde lorsqu'elle est bien commandée. Nous n'avons été battus, en 1870, que parce que nous étions mal commandés. Et si une misérable affaire d'espionnage a produit tant de ravages et fait dérailler tant d'intelligences, c'est que, politiquement, nous étions mal commandés.

En 1808, la France faisait des rois : tel Joseph, le frère de l'Empereur, sur le trône d'Espagne ; tel l'impétueux général de cavalerie Murat, sur le trône de Naples.

En 1908, nos exploits, ce sont les cérémonies de Scheurer-Kestner au Palais du Luxembourg, de Suresnes, du Panthéon !

L'affaire Dreyfus, commencée en 1894, comme en 1794 la légende napoléonienne, n'a-t-elle pas fait de la grande nation, une petite nation ?

Et pourquoi sommes-nous tombés dans cet état ? Parce que l'étranger, justement, a cherché et réussi à nous diviser, à nous désorienter, à nous bouleverser, sur quoi ? Sur cette affaire d'espionnage, encore une fois.

Disons le mot, Messieurs les Jurés, Ç'a été trop bête. A tout prix, il fallait se ressaisir.

Il ne s'agit donc plus, dans ce débat, d'un inconnu, d'un errant quelconque dont vous allez absoudre ou punir l'acte violent, mais nécessaire.

Je n'ai été que le soldat de tête d'une colonne d'attaque. Est-ce que le soldat existe par lui-même dans le chaos de la bataille ? Sa personnalité ne compte plus. Peut-être est-il pourtant un être dont l'effort fut intéressant ; peut-être y a-t-il derrrière lui famille et prédilections..... tout ce qui attache l'humanité par ses fibres intimes à la vie..... Marche quand même, soldat ! Tout cela n'est de rien à cette heure .. Et si tu tombes frappé par la sévérité des juges, que sur toi passe le drapeau !

Ce n'est pas un verdict de personne, un jugement individuel que vous allez rendre. C'est le prononcé du jugement de la France sur l'issue d'une crise qui a profondément éprouvé la France, sinon compromis ses destinées, dont la grandeur ne pourra être retrouvée qu'à force d'énergie.

L'énergie que j'ai voulu montrer, c'est pour vous, représentants sans distinctions de toutes les classes de la nation ! C'est pour le salut moral du pays ! C'est pour son honneur ! Vous direz, Messieurs les Jurés, si j'ai été coupable !

LE RÉQUISITOIRE

L'avocat général Lescouvé prononce un réquisitoire relativement modéré. Il déclare que sa tâche est bien simplifiée. Tous ses efforts, dit-il, tendront à restituer à cette affaire le caractère qui lui est propre. La matérialité des faits est reconnue ; vous vous demanderez, Messieurs les Jurés, s'il y a eu l'intention de donner la mort ; vous vous demanderez si Grégori a prémédité son acte, et ensuite quel mobile l'a fait agir.

Il examine successivement ces trois points, énumère les peines qu'encourra Grégori suivant que le jury le déclarera coupable de crime ou de délit : de cinq à vingt ans de travaux forcés, dans le premier cas, de deux à cinq ans de prison, dans le second. « J'éprouve, dit-il, quelque hésitation à me montrer impitoyable à son égard, mais vous n'avez pas le droit de l'acquitter, ce serait un véritable déni de justice. » Puis il traite l'acte de Grégori de battage et de réclame, et termine par une péroraison sur la marche du progrès vers un idéal de justice et d'humanité.

Mᵉ MENARD

PLAIDOIRIE de Me Joseph MENARD

Messieurs de la Cour,

Messieurs les Jurés,

Vous avez tressailli, tout à l'heure, en entendant le réquisitoire si ardent, si convaincu de M. l'Avocat général, et j'ai, comme vous, subi le charme de cette parole. Pourquoi faut-il que tant d'éloquence, tant de sincérité ait été en quelque sorte gâté par une péroraison au moins inattendue ? On avait rappelé à cette audience le passé irréprochable de M. Grégori. Du dossier minutieusement examiné aucun renseignement n'était venu jeter sur cet homme le moindre soupçon. Et la procédure tout entière disait de lui que s'il ne fut pas toujours heureux il n'avait jamais cessé d'être méritant.

Si vous aviez quelque chose à lui reprocher, il fallait, pour la clarté, pour la loyauté du débat, que ce quelque chose fût apporté ici ; il fallait, au cours de cet interrogatoire si long, si minutieux, dire à Grégori : « Votre mobile, je l'ai trouvé : vous êtes un vaniteux, un besogneux, un homme acculé, qui a voulu sortir de cette impasse par un coup d'éclat. »

Et il fallait prouver qu'il était un homme acculé. Vous n'aviez pas le droit de déclarer qu'il y avait des plaintes contre cet homme, sans nous apporter ces plaintes pour nous permettre de les peser et de voir ce qu'elles valent.

C'est toujours, hélas, le même système ! La lumière n'arrive ici que par rayons, que des voiles viennent à tous moments intercepter. Vous êtes dans l'obscurité sur le mobile de Grégori ; on veut que vous ignoriez pourquoi il a accompli son acte. Vous ne saurez rien de ces prétendues plaintes. Un témoin a maintenu ses déclarations, mais il vous est défendu de savoir en quoi elles consistent. On essaie ensuite de jeter je ne sais quelle suspicion sur un homme dont la vie est toute de travail, d'honneur et de probité. Ce procédé étonne et attriste.

Mais je veux, après cette première protestation et cette expression de ma tristesse, revenir au procès, rien qu'au procès. Je veux d'abord, car c'est la première question que vous m'adresseriez, si vous pouviez me parler, savoir quelle est la qualification de l'acte qu'on reproche à Grégori.

Le juge d'instruction avait dit : tentative d'assassinat; M. le procureur de la République, par des réquisitions conformes, a conclu : tentative d'assassinat. La Chambre des mises en accusation a répété : tentative d'assassinat, tentative d'homicide avec préméditation. Et la Cour de cassation, la Cour infaillible, dont nous n'avons plus à discuter les arrêts, à son tour, sur un pourvoi, d'ailleurs dilatoire, qui lui avait été soumis et qu'elle a jugé avec une rapidité tout à fait inusitée, a dit : tentative d'assassinat !

Ce n'est plus, aujourd'hui, une tentative d'assassinat. M. l'avocat général parlait, tout à l'heure, de simples coups et violences ; il disait : « Il n'y a pas eu intention de tuer. »

Tentative d'assassinat, c'est le crime, c'est la peine de mort ou la peine des travaux forcés, malgré l'âge de Grégori, car ce n'est qu'à soixante-dix ans, si j'en crois le Code d'instruction criminelle, que cette peine n'est pas prononcée..... Tentative d'assassinat, crime ! coups et blessures, délit !

M. le président a trouvé une troisième formule ; il a dit : régicide. C'est la vraie. Oui, Grégori a commis une tentative de régicide ! Dreyfus est roi ! Non pas par la volonté populaire ou de par l'hérédité, il est roi en vertu de cette jurisprudence, de ce papier écrit par les magistrats de la Cour de cassation, papier qu'il est seul à posséder, car il n'y a pas un seul être vivant qui puisse sortir un document de cet ordre. Document unique ! on vous disait. Messieurs les Jurés, que vous n'aviez pas à le discuter, parce que la Cour de cassation est supérieure à votre juridiction.....

L'arrêt de la Cour de cassation.

Comment pouvais-je entendre dire ces choses ? La Cour de cassation supérieure au Jury ! On nous apprenait à l'école que c'est le Jury qui a la plénitude de juridiction. Le Jury seul peut disposer de la vie, de l'honneur et de la liberté des citoyens.

Eh bien ! ce qu'on a dit à la Cour de Cassation, il n'y a pas d'inconvénients à le répéter devant les douzes braves gens qui sont là et qui représentent la conscience légale du pays. Tout ce qu'elle a entendu pouvait et devait se répéter ici, afin que vous ayez. tous les éléments du problème, que vous ne voyiez pas qu'un coin du drame, mais que vous sachiez les origines de ce drame, sa raison d'être, pour qu'avant de condamner cet homme, vous ayez sondé sa conscience, ce qui est votre devoir et la seule garantie de la responsabilité grave que la loi vous a donnée.

Tout ce qui s'est dit devant la Cour de cassation pouvait être dit ici, et l'arrêt de la Cour peut être discuté comme toute œuvre humaine. Il n'est pas vrai qu'il y ait un dogme nouveau, il n'est pas vrai que ceux qui ont supprimé les dogmes de l'Eglise et la révélation aient pu vouloir nous imposer un dogme judiciaire, une nouvelle vérité révélée, une opinion qui devrait entraîner toutes les adhésions.

J'affirme que les arrêts de la Cour de cassation sont sujets à critique. Voulez-vous que je vous dise pourquoi, Messieurs les Jurés ? Précisément parce qu'ils sont motivés ; la Cour de cassation dit de quels éléments sa conviction s'est faite, et si elle écrit les motifs de sa décision, c'est pour qu'ils soient soumis à la sage critique populaire, c'est pour que chacun puisse les relire, les scruter, les analyser. Alors, quand on a lu, on se déclare convaincu (c'est le cas de beaucoup), ou on se déclare non convaincu, c'est le cas de beaucoup d'autres qui sont aussi sincères et aussi respectables que les premiers.

Les arrêts de la Cour de cassation sont motivés ; c'est la grande différence qu'il y a entre eux et vos verdicts. Vos verdicts ne sont pas motivés, ceux des Conseils de guerre ne le sont pas non plus. Le greffier n'a pas pris note des dépositions qui se sont produites à cette barre, car personne n'a à les contrôler. Il n'y a pas de juridiction devant laquelle on puisse faire appel de votre décision. Et ce pouvoir, qui est le vôtre, cette souveraineté que la loi vous a donnée pour notre bien et notre garantie, ce pouvoir, il est aussi celui des membres du Conseil de guerre ; et si la Cour de cassation peut prendre une décision de justice, un jugement de Tribunal ou un arrêt de Cour d'appel et disséquer les motifs qui l'ont dicté, il ne lui est pas permis (je ne crains là-dessus aucun démenti) de demander à des magistrats comme vous, pas plus qu'aux membres du Conseil de guerre, quels arguments les ont fait se prononcer pour ou contre l'accusé.

Vos verdicts ne sont pas motivés. Ecoutez le texte du Code : La loi ne demande pas compte aux jurés des moyens par lesquels ils se sont convaincus. Elle ne leur prescrit point les règles desquelles ils doivent faire particulièrement dépendre la plénitude ou la suffisance d'une preuve ; elle leur prescrit de s'interroger eux-mêmes dans le silence et le recueillement, et de chercher dans la sincérité de leur conscience quelles impressions ont faites sur eux les preuves rapportées contre l'accusé et les moyens de sa défense. La loi ajoute qu'il ne faut pas vous fixer sur la quantité des témoins, aucune formalité n'est substantielle et nécessaire pour former votre conviction. Votre conviction se forme comme elle le veut, elle sort du plus intime de vos consciences : et c'est par là qu'elle est respectable et qu'elle s'impose.

Alfred Dreyfus.

C'est en vertu de deux décisions de cet ordre qu'un homme avait été condamné... Ne croyez pas que je vienne ici l'accabler ! Il est, je le disais hier, un être de douleur et peut-être d'expiation, un être qui depuis des années, s'il est coupable, doit sentir au fond de son âme la torture du remords. Les arrêts de justice peuvent déclarer qu'il est innocent, qu'importe, si au fond de lui-même la voix qui ne se tait pas lui redit sans cesse : « Mais tu sais bien que tu es coupable..... »

Cet homme a souffert dans sa chair meurtrie, dans ses ambitions non satisfaites, dans ses plans déçus, dans ses espérances irréalisées. Il a souffert dans les siens et ne s'est pas défendu..... Tenez ! j'aimais mieux l'autre, son frère, à la ténacité duquel, à l'affection fraternelle duquel volontiers je rends hommage. Et hier, quand, de cette barre de témoins où il ne courait aucun danger, loin de Grégori, de ses protestations brutales, de sa main vengeresse, il insultait cet accusé, même dans cet acte, odieux en somme, il me paraissait avoir une certaine grandeur, parce qu'il vibrait. Alfred est venu, il ne vibrait pas. J'attendais un geste ; j'attendais qu'il dise : Il y a eu assez de chambardement, assez de carrières brisées, assez de larmes versées ; j'attendais qu'il répétât le mot de M. le procureur général Manau : « Ayez pitié !..... Ne faites pas pour moi une autre victime, il y en a eu assez. »

Il n'a rien dit de tout cela. Vous avez entendu sa déposition.

Et tout à l'heure, quand vous délibérerez, vous évoquerez les deux images : l'être meurtri et souffrant d'hier, réhabilité vous savez comme, haineux toujours, et celui qui, depuis trois mois dans sa cellule, n'a pas eu une minute de défaillance et est venu courageusement ici vous dire les raisons de son acte et ajouter, avec crânerie : « Ce que j'ai fait, je ne le regrette pas. »

L'arrêt de la Cour de cassation, il a pour la première fois, cela est certain, jugé en fait et alors qu'il n'y avait pas de plumitif d'audience, comme nous disons au Palais, alors qu'il n'y avait pas de dépositions écrites, alors que la seule question qui se posât aux magistrats de la Cour suprême était de savoir s'il y avait des faits nouveaux, inconnus des premiers juges, de nature à faire présumer l'innocence du condamné, la Cour de cassation a cru devoir prendre l'affaire elle-même et dire : Dreyfus n'est pas l'auteur du bordereau, il n'a pas commis tel ou tel acte..... Elle l'a fait, et ainsi est né cet arrêt unique et qui restera longtemps unique, à moins que, dans quelques années, le cousin Ullmo n'en obtienne un pareil.

Cet arrêt, vous avez le droit de le discuter. J'en sais pour lesquels il a été la lumière ; j'en sais qui n'avaient même pas besoin de cette démonstration savante pour avoir sur l'Affaire une opinion que cette argumentation ne pouvait que confirmer. Mais il y en a d'autres qui ne se sont pas inclinés, qui ne veulent pas s'incliner. Ceux-là, comme Grégori, vous disent : Si la Cour de cassation s'était rappelé le vieil adage de droit : *Nul ne peut être soustrait à ses juges naturels*, et avait renvoyé une troisième fois devant ses pairs l'accusé ou le condamné Dreyfus, et si ses pairs avaient acquitté Dreyfus, il aurait fallu que tout le monde s'inclinât. Mais, comme cela n'a pas été fait, il est permis à des gens comme Grégori de discuter des motifs qu'on donne et qu'on ne donnerait pas s'il suffisait de dire : *Sic volo, sic jubeo, sic pro ratione voluntas*. Ce qui se traduit assez exactement : J'ose, je peux, je veux. La Cour a donné des considérants ; on avait le droit de les discuter, et Grégori voulait vous dire sur quoi il s'est basé pour ne pas s'incliner devant l'arrêt de la Cour suprême. Il vous disait : « Il y a là un document qui a proclamé l'innocence, ce document ne m'a pas convaincu..... » Si Grégori avait été convaincu de l'innocence de Dreyfus, son acte ne s'expliquerait pas..... Il ne l'a pas été et il ne s'est pas fié à

ses propres lumières, à son seul raisonnement, à sa seule
puissance d'argumentation ; il n'a pas cru à l'arrêt de la
Cour de cassation, parce que certains parmi les plus sûrs se
sont levés et ont proclamé que Dreyfus était coupable. Il
voulait vous le faire dire par le commandant Cuignet, qui
s'en est allé à travers cinquante villes de France faire cette
démonstration. Il voulait vous le faire dire par le colonel
du Paty de Clam, qui connaît bien cette histoire, puisqu'il
a été le premier magistrat chargé de commencer l'instruction
et parce que, pour avoir fait dans cette circonstance son
devoir et l'avoir fait avec une sérénité dont la famille Dreyfus
elle-même l'a remercié, il a été en butte à toutes les persécutions, à toutes les tracasseries, à tous les outrages, parce
qu'il a eu injustement, j'ai le droit de le dire, à souffrir pour
la justice et que s'il n'a rien fait contre elle, il a souffert pour
elle et à cause d'elle. Grégori voulait, par ces hommes et par
d'autres, vous démontrer que sa conviction n'était pas un
caprice, qu'elle était une conviction raisonnée. Alors, le dis-
tingué magistrat qui préside cette audience de lui dire :
« Vous avez toute liberté, vous pouvez affirmer votre conviction, mais quand vous essaierez de la démontrer, je dres-
serai contre vous le mur de l'arrêt de la Cour de cassation
contre lequel vous viendrez vous briser la tête. Votre conviction, gardez-la, mais elle restera une affirmation, je vous
défends de la justifier. »

Quoi qu'on dise, quoi qu'on fasse, à quelque noble sentiment qu'on ait obéi, quelque autorité qu'ait la chose jugée,
même jugée dans des conditions nouvelles, il est certain que
Grégori n'a pas eu ici la possibilité de faire sa preuve.

Et voyez comme les situations sont bizarres ! S'il plaisait
à Grégori d'écrire demain que les magistrats de la Cour de
cassation sont des criminels, qu'ils ont trafiqué de leur
influence, vendu leur justice, vous n'auriez contre lui qu'un
moyen d'action, l'appeler de nouveau devant la Cour d'assises, et, là, vous le mettriez en demeure de faire la preuve
des diffamations qu'il aurait portées, de démontrer qu'il
n'aurait pas calomnié, comme Zola avait calomnié ; et s'il
faisait cette preuve, vous devriez l'acquitter. La diffamation
est un droit, disait hier à cette audience, le magistrat qui
dirige ces débats.

Ainsi nous pouvons prendre un conseiller à la Cour de
cassation quelconque, il nous est permis de le déshonorer ;
nous viendrons devant le jury, et nous nous expliquerons

Et, ce magistrat, que nous pouvons atteindre dans son honneur, dans son repos, dans la paix de sa famille, nous ne pourrions pas l'atteindre dans son œuvre ! Nous ne pourrions pas dire que sa religion a été trompée, sa bonne foi surprise ! Allons donc !

L'arrêt de la Cour de cassation n'a pas fait la lumière pour Grégori, et il n'est pas le seul pour qui il ne l'ait pas faite ; il a laissé intactes les dépositions du commandant Le Brun-Renaud, qu'au nom du respect de la chose jugée on a empêché de parler et qui serait venu vous dire ce qu'il a dit au meeting de la salle Wagram : *J'ai reçu les aveux du capitaine Dreyfus.*

S'il ne s'agissait pas du commandant Dreyfus, mais d'un accusé quelconque, et qu'un commandant de gendarmerie vînt ici, sur la foi du serment, avec sur la poitrine la croix de la Légion d'honneur, vous dire : « Cet homme a avoué », le pauvre diable d'accusé aurait beau se démener dans le box des prévenus et crier son innocence, on répondrait : « Cette parole fait foi, celui-là ne peut pas mentir, il est désintéressé. » Quand il s'agit de Dreyfus, les règles ordinaires disparaissent, et le témoignage du commandant Le Brun-Renaud ne compte plus pour les magistrats de la Cour de cassation.

La question ne sera pas posée.

Grégori, lui, estime que cela compte, et il voulait vous le faire dire. Il n'a pas eu la possibilité de le faire ; il n'a eu la faculté de faire entendre ici aucun témoin, et chaque fois qu'une question paraissait gênante ou entraîner une incursion dans un terrain sur lequel on avait mis « réservé », on vous disait : « La question ne sera pas posée. »

C'est le vieux leitmotiv qui, déjà, avait retenti sous les voûtes de la Cour d'assises. Combien s'indignaient alors à travers nos couloirs ? Combien disaient : « Savez-vous ce qui se passe à la Cour d'assises : on veut faire juger un homme, sans que le jury ait en mains tous les éléments de l'Affaire. »

Nous n'avons pas vieilli, nous en sommes au même point. On veut faire respecter la chose jugée ; mais alors aussi il y avait la chose jugée ; il y avait un arrêt du Conseil de guerre, et un second est venu depuis. C'étaient des juridictions souveraines et sans appel ; elles avaient jugé, et c'est au nom de la chose jugée que le président Delegorgue disait à Émile Zola et à M. Perrenx : « Faites la preuve des accusations que vous avez portées contre le commandant du Paty de Clam, contre le général de Pellieux, contre le général de Boisdeffre ; mais je vous interdis de mettre en cause la culpabilité ou l'innocence de Dreyfus..... »

Eh bien, la chose jugée n'était jugée que provisoirement. Pourquoi cette chose, qui, aux termes du Code, était définitivement jugée, se trouvait-elle ne l'être que provisoirement, et pourquoi ce caractère définitif que la double décision des juges naturels n'a pas gardé, la sentence nouvelle le garderait-elle ?

Quels sont donc les procès qui sont définitivement jugés ? La justice est rendue par des hommes honorés, respectés, mais par des hommes qui ont toutes les faiblesses et toutes les défaillances inhérentes à l'humanité. Les juges du Conseil de guerre, dites-vous, se sont trompés. Je le veux bien ; les reviseurs aussi ont pu se tromper..... Ceux qui ont condamné deux fois avaient leur conscience ; la conscience des autres ne vaut pas mieux. La justice humaine est faite de faiblesse, de contingences, d'erreurs. Il n'y a, Messieurs les Jurés, rien qui soit définitivement jugé. Quand Clemenceau plaidait ici pour le gérant de l'*Aurore*, il parlait du « sublime pendu de Golgotha », dont vous n'apercevez plus l'image aux murs de cette salle, et il disait : « Ce procès n'est pas encore jugé ! » Il y a deux mille ans, Messieurs, que ce procès dure, et que les frères de Dreyfus déclarent qu'il a été bien jugé.

Tous les procès de l'histoire sont l'objet de recherches, de travaux, de volumes considérables. Un ancien avocat général à la Cour de cassation, aujourd'hui ministre du Commerce, travaille à reviser un procès. C'est au xxᵉ siècle qu'on a revisé le procès du chevalier de La Barre et le procès de Michel Servet. Les procès se revisent constamment. Vous disiez, Monsieur l'Avocat général : « L'impartiale histoire prononcera..... » Je ne sais ce qu'elle dira quand vous et moi aurons passé ; mais ce que je sais, c'est que pour que l'histoire juge, il faut que nous lui donnions les éléments de son verdict, il faut qu'elle sache tout. Et vous, Messieurs, qui écrivez aujourd'hui une page d'histoire qui n'est ni la moins solennelle ni la moins importante, il fallait que vous sachiez tout ; or, vous n'avez pas tout su.

Le mobile de Grégori.

Grégori savait : sa conviction est ardente, sincère ; il croyait d'une croyance absolue et d'une science en quelque sorte mathématique que Dreyfus était coupable. Alors, il a considéré que de voir cet homme, au dehors, libre, triomphant, c'était un scandale. Il s'est dit que c'en était un autre de voir la croix des braves briller sur la poitrine de celui qui avait commis le pire des crimes ; il s'est dit qu'il n'y avait rien qui permît au traître de parader alors que ses victimes étaient partout, alors qu'on pouvait rencontrer à droite et à gauche des officiers mis en réforme, de fiers généraux dont l'avenir se confondait en quelque sorte avec l'avenir même de la patrie et dont la carrière était brisée ; il s'est dit qu'alors qu'il y avait tant de victimes jonchant le sol, il ne fallait pas que le responsable de tant de maux pût causer de ces ruines avec le sourire du dédain.....

Croyez-vous, Messieurs, que si, il y a quelques années, un homme ayant avec la même ardeur la conviction contraire, s'était dit : « Dreyfus est un martyr, un être de pitié profonde et infinie, il est victime de la fatalité la plus inexorable et de la plus abominable des injustices », si cet homme, honnête, lui aussi, sincère et de bonne foi, avait dans le silence de son cabinet ressassé ces pensées qui angoissent et qui meurtrissent, s'il s'était dit : « Il y a là une victime, et le coupable, le bourreau s'appelle Mercier..... », si cet homme s'était précipité sur le général Mercier et si dans la poitrine du ministre de la Guerre de 1894 il avait enfoncé le poignard homicide, j'en appelle ici à tous ceux qui réclamaient la revision, qui criaient justice et vérité, qui parlaient d'innocence, qui demandaient la réhabilitation, qui parlaient de l'île du Diable avec des larmes d'attendrissement, comme si l'on pouvait verser des larmes d'attendrissement quand on parle d'un traître, ils auraient dit : « On n'a pas le droit de se faire justice soi-même ; mais quelle excuse dans l'acte de cet homme ! Comme son geste se comprend, comme il est généreux !..... », je ne sais pas si nous aurions trouvé alors un avocat général pour requérir avec l'âpreté que l'on mettait tout à l'heure à requérir contre Grégori..... Pourtant, la mentalité est la même, le mobile est de même ordre ; l'un et l'autre, dans la faillite de la justice, se seraient faits des justiciers.

Voilà l'état d'esprit dans lequel il faut vous mettre avant de juger l'acte de Grégori ; voilà la situation qu'il faut comprendre. Je ne vous dis pas, moi : « Dreyfus est coupable », je n'ai pas le droit de tenir ce langage. Mais, parlant au nom de Grégori, je vous dis : il avait la conviction profonde de la culpabilité de Dreyfus ; il a frappé Dreyfus comme tel autre aurait pu frapper le général Mercier, comme ce troisième a un jour voulu frapper à Rennes, où il allait accomplir son devoir professionnel, mon confrère, M. le député Labori.

Vous ne pouvez juger un homme sans dégager sa mentalité. Vous aurez, Messieurs, dans le calme de vos délibérations, à examiner à quel mobile Grégori a obéi. Quand vous vous serez demandé quel est l'homme et dans quel état d'âme il était au moment où il accomplit l'acte qui lui est aujourd'hui reproché, alors, vous vous demanderez quelles furent les conséquences de cet acte et, si vous avez à ce moment beaucoup d'émotion, c'est que vous serez, Messieurs les Jurés, d'une sensibilité particulière et que vous aurez la larme facile.

Quelle est la victime ?

Oh ! le mal que Grégori a fait au commandant Dreyfus, je n'ai pas besoin d'une discussion savante pour savoir quelle en a été la gravité ; il me suffit de prendre le dossier, la procédure. Vous allez voir, Messieurs, par quelques lectures rapides que s'il y a eu une victime dans l'attentat du Panthéon, cette victime, c'est encore Grégori.

Oui, il avait un revolver. Regardez cette arme redoutable. Il en a tiré deux coups dans les conditions que vous savez, à vingt-cinq centimètres. Alors il a été pris par la foule hurlante, lâche, canaille, il a été jeté, par les plus intéressés, sur la banquette, et là, tous ces fiers-à-bras, tous ces sauveurs, tous ces courageux, ont mis cet homme en lambeaux. « Il a failli être lynché », vous disait M. Mouquin. Voici, Messieurs les Jurés, je vous le présente, le gilet qu'il portait le jour de l'attentat..... On l'a frappé, on l'a déchiré ; le sang coulait partout. Il a été ensuite en prison ; il vient de passer en cellule plus de trois mois..... Et la victime, ce serait l'autre, l'autre dont le traitement a été moins cruel, les souffrances moins vives. Les coups de pieds, les coups de poings, les coups de matraque qu'a reçus Grégori sur le banc où quelques gredins le tenaient attaché sont une expiation

suffisante de l'acte anodin qu'il venait d'accomplir. Et il a
eu pour le soigner, non pas les professeurs Balthazard et
Pozzi, non pas toutes les ressources des princes de la science,
tout le luxe que donne une fortune dès longtemps acquise,
il a eu les quatre murs blancs de sa cellule à la Santé ; et
quand il demandait aujourd'hui un peu de tisane de cham-
pagne pour rassembler ses forces, on craignait que cela ne
lui portât à la tête et on l'autorisait à boire..... de l'eau.

Voilà la différence entre Alfred Dreyfus et Grégori. Que
si vous voulez savoir d'une façon précise quelles ont été les
blessures de Dreyfus, il suffira de vous reporter à la procédure. Le professeur Pozzi dit :

« La manche droite de la redingote était perforée au
niveau de l'avant-bras et légèrement roussie par la défla-
gration de la poudre. Au niveau de la face dorsale de l'avant-
bras, j'ai constaté une plaie pénétrante et contuse évidemment produite par la balle et d'où s'échappait un filet de
sang... »

Les expertises.

Le Dr Léon Bernard reconnaît à son tour qu'il n'existait pas de traces de projectiles dans l'épaisseur des tissus
et qu'il n'y a eu qu'une érosion superficielle. Le Dr Balthazard s'est livré à un examen combien compliqué, combien
minutieux. Quand un assassinat est commis, quand vous
avez à juger de vrais crimes, où l'on a véritablement à
déplorer des morts, on ne va pas, sous prétexte d'expérience et de précision, jusqu'à profaner les cadavres! Il y
avait à la Morgue un pauvre diable qui était mort et que
personne ne réclamait. On s'est dit qu'il pouvait être sacrifié, lui aussi. On ne l'a pas fait mourir deux fois, mais on
l'a en quelque sorte pollué et souillé. On l'a revêtu de la chemise du commandant Dreyfus, de la redingote à l'étoffe
résistante du commandant Dreyfus et on a tiré sur lui. Ce
cadavre a servi à des expériences répugnantes. Et ces expériences si complètes ont abouti à ce résultat qu'en collec-
tionnant les gouttes de sang séchées sur la manche de la
chemise du commandant Dreyfus, le Dr Balthazard arrive
à penser que la perte de sang a pu s'élever à 140 grammes.

Je ne sais pas s'il y en avait 140 ou 127 ; ce que je sais
bien, c'est qu'il m'était inutile de le savoir. Un homme
avait tiré, il vous devait compte de son acte, il n'y avait

qu'à le lui demander. Et vous aviez aussi à laisser les morts dormir en paix. L'expérience qu'a faite le Dʳ Balthazard vous a fixés sur le mal qui a été fait au capitaine Dreyfus : érosion superficielle, un filet de sang et, avec beaucoup d'arguments scientifiques ou de rapports de quarante pages, on arrive à supposer qu'il aurait pu perdre 140 grammes de sang. Eh bien, s'il y avait quelqu'un, ce soir, qui, dans un accident quelconque, fît perdre, même volontairement, même consciemment, même avec préméditation, 140 grammes de sang à l'homme avec lequel il se battrait, il est à peu près certain que l'homme qui aurait perdu ces 140 grammes de sang attendrait de les retrouver, et que l'autre ne serait pas poursuivi. Il est certain que des magistrats, même professionnels, même habitués à appliquer à des faits déclarés constants la peine fixée par le Code, auraient souri en voyant l'inanité de l'accusation, l'imbécillité, au sens latin du mot, de la blessure faite et que, s'il y avait eu une peine, Messieurs les Jurés, elle eût été quelque 25 francs d'amende avec l'application encore de la loi de sursis.

J'ai connu, il n'y a pas longtemps, et j'ai eu à défendre devant la 9ᵉ Chambre de la Cour, un homme qui avait attendu à la gare du Nord un autre homme, par qui il avait été diffamé dans un journal ; il y avait eu préméditation avouée, absolue ; il s'était précipité sur cet homme et l'avait roué de coups ; il lui avait fait des blessures sérieuses, il y avait préméditation. La 9ᵉ Chambre de la Cour condamnait l'agresseur, qui avait fait beaucoup plus de mal que Grégori et qui n'avait pas les mêmes mobiles, car il ne défendait que lui-même et Grégori défendait la grande cause que son nom incarne aujourd'hui, à 50 francs d'amende.

Et aujourd'hui, quand l'accusation se fait toute petite, insinuante, subtile et mielleuse, elle dit : « C'est si peu de chose que d'infliger à un homme de soixante-six ans les peines des articles 309 ou 311 ; il n'en coûtera que deux à cinq ans de prison. » Ah ! je comprends alors pourquoi l'acte de Grégori s'appelait régicide. C'est qu'on punit davantage ceux qui s'attaquent aux rois. Non, l'accusation qui pèse sur M. Grégori n'est pas de celles qui peuvent retenir longtemps l'attention d'un jury français, d'un jury parisien. S'il fallait une expiation, elle a été subie. Je mets en fait qu'aucun tribunal n'aurait infligé à Grégori les trois mois de cellule qu'il a subis.

Mais fallait-il une expiation et l'acte en lui-même ne s'explique-t-il pas par les sympathies mêmes qu'a recueillies Grégori depuis qu'il l'a accompli ? Vous avez entendu un député français vous dire : « Je l'approuve » ; vous en entendez un autre dire : « J'aurais fait comme lui. » Je lisais des journaux qui l'acclament. Un publiciste éminent a écrit : « C'est le crime honnête, c'est le crime que beaucoup de gens auraient voulu avoir commis. » Vous n'avez point entendu tous les témoins ; il en est qui, craignant de se heurter au mur de la chose jugée, à ce mur qu'on ne pouvait point dépasser, qu'il n'était point permis d'atteindre ; il en est qui ont écrit leur opinion, ont expliqué l'acte de Grégori, ont dit comment et pourquoi il avait été commis. Voici une dépêche que j'ai reçue hier soir de M. le marquis de Montebello :

Biarritz, 10 septembre, 9 h. 35.

Touché par votre citation, en cours de déplacement, et trop tardivement, prière m'excuser. La panthéonisation de Zola était déjà un défi aux patriotes, mais le spectacle du traître Dreyfus passant notre armée en revue était de nature à exaspérer et m'eût sans doute inspiré à moi-même, comme à Grégori, un geste sincère, violent et bien français.

LANNES, marquis de Montebello.

Qui est-ce ? Est-ce un apache, celui-là ? Il porte un nom glorieux ; il le porte avec honneur ; M. de Montebello aurait accompli l'acte de Grégori. Est-ce que vous pouvez encore comparer Grégori aux clients ordinaires de cette Cour d'assises ?

La chose jugée ? Tenez, après l'audience d'hier, j'ai reçu une carte-télégramme d'un des plus fiers tenants de la revision et l'un de nos plus brillants journalistes ; je ne le connais point, je ne l'ai jamais vu, pas plus que M. de Montebello, et qui m'écrit ceci :

« *Monsieur,*

» *La question sera posée. S'il est vrai que la Cour de*
» *cassation a falsifié un article du Code, ce faux n'est pas*
» *plus respectable que le faux Henry. J'en parle en homme qui*
» *fut un « Dreyfusard » de la première heure — et qui le*
» *regrette profondément.*

» *Vous m'entendez : certes, je ne regretterais point d'avoir*
» *perdu le meilleur de ma jeunesse à défendre la cause de cet*
» *Alfred Dreyfus, si sa cause avait été vraiment, comme on*
» *réussit naguère à nous le faire accroire, celle du droit et de*
» *la vérité. Mais ce n'était là que la plus criminelle des impos-*
» *tures. Les véritables faussaires furent les hommes qui, nous*
» *annonçant une ère de justice et de liberté et nous leurrant de*
» *ces magnifiques espérances, ne nous ont donné que le Parle-*
» *ment des Quinze-Mille et cet abject régime d'arbitraire, de*
» *mensonge, de favoritisme et de fraude qu'on ose encore*
» *appeler la République.*

» *Je suis sûr d'exprimer ici le sentiment des hommes de*
» *ma génération, dupes et victimes de la même erreur, qui*
» *assistent aujourd'hui, frémissants de colère et de honte, à la*
» *faillite de leur idéal. N'avons-nous tant donné de nous-*
» *mêmes que pour garnir de foin le râtelier de Lanes ?*

» GUSTAVE TÉRY. »

Il n'était donc point seul, M. Grégori, à ne pas s'incliner
devant la chose jugée ; il n'était donc point seul à avoir son
opinion. Il y a ici, dans cette cote, des centaines de lettres
que je ne ferai pas passer sous vos yeux, signées des noms
les plus honorables, les plus respectés, les plus indiscuta-
bles, qui disent à M. Grégori : Bravo !

Voilà ce que des hommes sérieux, ce que des hommes
honnêtes, ce que des hommes qui savent ce que penser
veut dire et ce à quoi écrire engage, ont écrit, ont proclamé ;
voilà ce qu'ils ont marqué de leur signature. Il y a des centaines et des milliers de gens qui pensent comme Grégori,
il y a des centaines de milliers de braves gens, de Français,
d'électeurs, qui disent qu'à l'heure actuelle la victoire a
été trop complète, que les provocations se font insolentes,
que le cynisme ne peut pas être plus longtemps supporté ;
il y en a qui disent que dans ce pays de France, il n'y a pas,
il ne peut pas y avoir de vainqueurs et de vaincus. Or,
demain, si vous avez condamné cet homme, ils auront, les
autres, une victoire de plus, et leur insolence aura doublé,
et, comme l'abîme entraîne l'abîme, leur arrogance entraî-
nera d'autres attentats et d'autres extrémités plus graves
que celle que vous avez à absoudre aujourd'hui.

M. Quesnay de Beaurepaire.

L'acte de Grégori, vous essayiez, Monsieur l'Avocat général, de le flétrir avec les paroles d'un magistrat illustre qui a longtemps occupé le siège où nous avons plaisir à vous voir et que vous honorez à votre tour ; nous avons entendu M. l'avocat général Quesnay de Beaurepaire parler dans les affaires retentissantes de ce siècle. Alors que les bombes anarchistes faisaient sauter la maison des magistrats, impassible et fier, il s'écriait : « Qui donc a peur ici ? » Il n'avait pas peur, M. Quesnay de Beaurepaire, il n'a pas cessé de n'avoir pas peur. De ce siège d'avocat général, il gravit les degrés plus hauts ; il devint procureur général à la Cour de Paris ; je l'entends encore à la Haute-Cour, à la première, et si cette page ne fut pas la plus belle de son histoire, ce jour-là encore, il mit un grand talent au service d'une sincère conviction. Et puis, de ce siège de procureur général de la Cour de Paris que plus tard il abandonna, il l'a écrit, pour ne pas se prêter à certains sauvetages, pour avoir voulu que des députés, compromis dans de malpropres et louches affaires, comparussent devant la justice, il s'élève jusqu'au siège de président de la Chambre civile de la Cour de cassation..... Il n'y avait pas besoin de sa grande parole pour donner à ces débats tout l'éclat, toute l'ampleur que vous voulez leur donner. Et puisqu'il vous a plu de citer M. Quesnay de Beaurepaire d'il y a vingt ans, laissez-moi vous citer M. Quesnay de Beaurepaire d'aujourd'hui, plus sage encore, mûri encore, grandi par les vingt ans qu'il a vécus depuis, vingt ans d'expérience, de sagesse, de combat, vingt ans de sincérité, M. de Beaurepaire, grandi parce qu'il a su briser une situation où aucune loi ne pouvait l'atteindre; il était pour onze ans encore président de la Chambre civile de la Cour de cassation, il l'était à titre inamovible, et personne ne pouvait l'aller chercher sur son siège. Il pouvait, après avoir quitté ce siège, jouir d'une pension de 6.000 fr., il est pauvre, il a sacrifié 25.000 francs pendant onze ans et 6.000 francs de rente viagère, il a déposé la simarre, il a laissé sur le fauteuil la robe rouge, quand il a considéré que cette robe rouge ne laissait plus la liberté à sa conscience, l'indépendance à ses convictions. Il est là-bas, pauvre, abandonné, désolé, et il m'a fait l'honneur très grand de m'écrire pour que vous ne fussiez pas obligé de vous en tenir à ses opinions d'il y a vingt ans, dans des espèces différentes, et pour que vous ayez son opinion sur les faits d'aujourd'hui, sur l'espèce actuelle, et avec l'éclat qui s'attache à sa triple situation d'ancien magistrat, d'ancien procureur général, d'ancien président de Chambre à la Cour de cassation, avec l'autorité de son âge, de ses vertus, de la vénération dont on l'entoure, de l'acte de désintéressement admirable qu'il a accompli en se réfugiant dans cette retraite, il vient dire aux jurés où est la vérité, où est le devoir. Écoutez-le :

MON CHER MAITRE,

Je connais Grégori depuis quarante ans. Il est d'une espèce rare à notre époque : c'est un modeste, mais, par ses sentiments, il est plus grand que beaucoup d'hommes bruyants. Ce qui a de tout temps rempli son cœur, c'est l'amour de la patrie et le culte de notre chère armée. A l'âge où les passions s'éteignent, il est resté jeune pour haïr les insulteurs de l'armée et les sans-patrie, pour exécrer la trahison. Lors de l'affaire Dreyfus, il s'est dit, comme des millions de Français, qu'aux Conseils de guerre les officiers ne se seraient jamais décidés à flétrir l'un des leurs sans avoir une parfaite certitude de son crime ; et après les deux condamnations, il s'en est tenu à ce qui est pour lui l'immuable vérité. L'arrêt définitif des magistrats civils ne l'ébranla pas, car, suivant sa conviction, le mécanisme des choses militaires ne saurait être apprécié compétemment que par des militaires, et, en vertu d'un principe supérieur, nul ne peut être distrait de ses juges naturels. Que l'arrêt soit inattaquable, Grégori n'en a pas moins pensé cela de bonne foi, et il n'est pas le seul. Quant à moi, je ne me permets pas de dire un seul mot de cet arrêt, je me borne à rappeler que j'ai brisé ma carrière pour ne pas m'y associer.

Mais à un autre point de vue, on est bien forcé de reconnaître que le nom du sieur Dreyfus, complaisamment prêté par lui et jeté dans les deux mondes, à grand fracas, a servi d'arme de guerre à l'étranger contre la malheureuse France, et a été exploité à l'intérieur pour nous diviser, pour briser nos traditions nationales et nous mettre plus bas que nos désastres de 1870 n'auraient pu le faire. Voilà qui suffirait à faire comprendre et à justifier l'indignation croissante, l'orageux ressentiment d'un patriote intransigeant comme Grégori.

Ce n'est pas tout. Dreyfus (toujours le traître aux yeux de Grégori) a été nommé officier supérieur, chevalier de la Légion d'honneur, invité à passer devant nos généraux dans le cortège formé pour le dépôt au Panthéon du pornographe Zola, déifié à raison de ses outrages aux chefs de l'armée française. Eh bien, alors, Grégori (avec sa religion du drapeau au cœur), a été exaspéré. C'était pour lui un défi, qui l'a amené alors à l'égarement de la colère, frère de la folie ; à ce moment, il a vu rouge, les phrases creuses qui suffisent aux contemporains ne lui ont pas suffi ; son sang bouillonnait trop fort, l'impulsif mouvement de fureur l'a rendu violent, il a brandi l'arme et pressé la détente !

Je le dis avec une conviction absolue : cet acte est ce qu'on appelle le crime passionnel, ce crime passionnel suivi toujours d'acquittement, seulement, au lieu de frapper par délire amoureux, il a frappé par délire patriotique ; n'est-ce pas plus beau et plus digne d'absolution ?

Non, mon cher maître (croyez-en un ancien qui a bien connu le jury), non, le jury éclairé de la Seine, après avoir entendu votre éloquente parole, ne condamnera pas Grégori qui, dans le courant d'une longue vie, n'a jamais été effleuré par une intention criminelle et qui n'a été entraîné, poussé jusqu'à son acte que par ses nobles croyances : sa foi en l'armée et son amour de la France.

Non, aucun jury n'accepterait de confondre cet enthousiaste désintéressé, ce fanatique du drapeau tricolore avec l'apache que l'on condamne pour avoir tiré au coin d'une rue sur le passant, avec la pensée de lui prendre son porte-monnaie.

QUESNAY DE BEAUREPAIRE.

Voilà ce que pense, non pas le Quesnay de Beaurepaire d'il y a vingt ans, mais le Quesnay de Beaurepaire d'aujourd'hui et qui, chargé d'ans et de mérites, pèse lui aussi ses paroles, en se disant qu'il n'a plus rien à attendre pour consoler son crépuscule que le triomphe de la justice, de la justice comme il l'entend, de la vérité comme nous l'entendons. Puisque vous l'avez mis dans le débat, il était bon que sa voix se fît entendre.

Je ne vous lirai point, à l'heure où nous sommes arrivés, toutes les lettres qui sont là ; je ne vous dirai point tout le mal fait par le Dreyfusisme à la France. Grégori a essayé, tout à l'heure, de vous faire de cela un tableau qu'il a dû abréger. Mais le chambardement, vous le connaissiez, vous l'avez vécu, vous en avez souffert. Certes, quand on a la conviction profonde qu'un homme a été condamné injustement, c'est le devoir de tous de travailler à la réparation de l'erreur judiciaire ; mais on pouvait sauver Dreyfus sans créer le Dreyfusisme ; on pouvait sauver un homme sans atteindre la patrie. Entendez le cri que poussait M. le procureur général Manau, qui n'était point suspect de manquer de sympathie pour Dreyfus ; il se tournait vers ceux qu'on appelait les Dreyfusards, et il leur disait : « Messieurs, ayez pitié de la France ! » La France n'a pas besoin de la pitié de ces gens-là, mais elle ne veut pas subir leur joug ; elle est indépendante, elle est fière, elle a des traditions, elle a un patrimoine ; tout cela, elle ne le laissera pas voler, elle ne le laissera pas souiller. Le Dreyfusisme triomphant pouvait se tenir dans la joie de son triomphe ; les gens de bonne foi disaient : « Nous avons fait réparer une erreur judiciaire » ; il fallait s'en réjouir au fond de l'âme ; il n'est pas d'action meilleure ni plus consolante que celle-là ; mais il n'y avait pas lieu de provoquer le reste de la nation, d'user de représailles, de republier les articles diffamatoires ; il n'y avait pas lieu, pour augmenter le respect de la chose jugée, d'aller chercher au cimetière la dépouille d'un homme deux fois condamné pour outrages à l'armée et à la patrie, et que l'amnistie seule a empêché de subir ces condamnations ; il n'y avait pas lieu d'aller chercher la dépouille de cet homme pour la porter au Panthéon.

Emile Zola.

Cet homme, vous savez qui il est, c'est l'homme dont on vous disait tout à l'heure qu'il a écrit *Thérèse Raquin*, c'est le peintre de la Mouquette, l'auteur des « Géorgiques de la Crapule ». J'entends le connétable des lettres, Barbey d'Aurevilly, me dire : « Oui, il faut lui élever une statue, une statue en caca » ; c'est de lui dont M. Anatole France, qui n'était point suspect, a écrit qu'on ne pouvait donner, comme piédestal à sa statue, qu'un monceau d'excréments ; c'est lui qui a déshonoré la femme française et qui la montre au-dessous de la vache qui vêle ; c'est lui qui a montré dans ses livres une vieille de soixante-dix ans violée par son fils de dix-neuf ans ; c'est lui qui s'est complu dans les horreurs et a vécu dans l'ordure. C'est lui dont les ouvrages sont poursuivis en Allemagne, en Autriche ; c'est lui qui a écrit la *Débâcle* et présenté nos soldats, non pas frissonnants sous le drapeau, mais abattus, le drapeau bas jeté par eux dans la boue, dans le fumier..... Zola ! Je vou-

drais vous lire la page d'Anatole France que je résume :
« Il n'a rien senti, il n'a jamais eu une pensée noble, une
pensée généreuse » ; il a vécu pour de l'argent, et, pour de
l'argent, il a vécu dans l'immondice. Et vous qui ne voulez
pas de canonisations de Rome, qui vous gaussez des saints
qu'on honore ou des bienheureux qu'on prie, c'est pour lui
que vous avez mené au Panthéon cet abominable cortège,
réunissant sur son passage tous les pauvres enfants de nos
écoles, vis-à-vis desquels c'était un véritable outrage à la
pudeur ; c'est pour lui que vous avez appelé tous les
corps constitués : l'armée, la magistrature. Vous avez amené
au Panthéon, vous avez déifié laïquement, canonisé le chan-
tre de la Mouquette, le malpropre qui a tout sali, qui vous
a dépeints, vous, bourgeois, vous, jurés, vous, ouvriers, nous
tous qui travaillons, qui nous a décrits et dépeints seulement pour voir en nous des tares qui n'y étaient pas et
pour maudire notre race et l'insulter, qui n'a parlé de l'armée que pour satisfaire sa haine atavique. Il était fils d'un
lieutenant voleur, chassé de l'armée pour vol ; il avait été
marqué au front, ce lieutenant voleur, par le colonel Combes,
le pur, le grand, le très noble héros du siège de Constan-
tine, et Zola, insultant l'armée, a satisfait, avec une sorte
de rage sadique, les vieilles haines de son père et les basses
vengeances du fils qui avait été, pour ainsi dire, déshonoré
au berceau. Cet homme né avec la tare, ce Français d'hier,
ce métèque, il n'est venu dans notre pays que pour y pétrir
l'ordure et en faire de l'argent. C'est cet homme qu'on a
conduit au Panthéon, béatifié, canonisé ; c'est devant lui
que l'armée de France a défilé. Et entre le cadavre et l'armée, il y avait le condamné d'hier, il y avait le capitaine
Dreyfus.

Et quand les soldats portaient les armes dans cette
ignominieuse revue, il semblait qu'ils portaient les armes
au deuil de la patrie, au deuil de notre honneur. Quand,
ils passaient, nos soldats, ils se rappelaient de quelles vitu-
pérations ils avaient été l'objet ; ils se rappelaient de quels
outrages on les avait abreuvés ; ils voyaient ces journaux
que j'ai, un jour, brandis dans une audience de la Cour
d'assises, où l'on disait : « Tout l'État-Major au Mont-
Valérien ! » Ils se rappelaient que leurs chefs, ceux qui les
avaient conduits à la bataille ou ceux qui les préparaient
au sacrifice prochain, avaient été odieusement traités, ils
voyaient que pour sauver un homme qui pouvait être sauvé

sans ces infamies, on avait traîné leurs chefs, à eux, dans la boue, qu'on avait supprimé le service des renseignements, qu'on avait fait à ce pays tout le mal qu'on pouvait lui faire. Et ils disaient : «Que penser de la justice et de ses arrêts définitifs, si, à quelques années de la condamnation, le condamné voit ceux qui, hier, le prenaient au collet remplacés par des soldats qui lui présentent les armes ? »

Voilà qui était intolérable, voilà la provocation, voilà le scandale. Que les fanatiques pieux de Zola, sur la pierre tombale où repose sa dépouille, lui apportent leurs souvenirs et leurs regrets ; que les poètes chantent son œuvre, que les lettrés disent quel puissant écrivain il fut ; que tous ceux qui croient que l'humanité a battu dans le cœur de ce malpropre, que tous ceux-là l'exaltent et le magnifient. Mais vous n'aviez pas le droit de nous imposer cette glorification à nous, cette manifestation à nous. Et j'en connais qui, à l'heure où le cortège traversait les rues de la capitale, ont versé des larmes de honte ; j'en connais dont le cœur a été meurtri comme par un deuil de famille le plus intime et le plus poignant.

Les victimes de Dreyfus.

J'ai là au coin de mes notes rapides un petit filet de journal où vit un drame atroce en quelques lignes. Il y avait un autre Grégori qui s'appelait le lieutenant-colonel B... Il a lu, celui-là, dans les journaux, l'histoire de ce triomphe. Toutes ses notions étaient renversées. Le fondement même de l'ordre social lui a paru ébranlé. Il a vu sa vie brisée, et, dans un accès de désespérance, dans l'effondrement terrible, il n'a pas tué, lui, le commandant Dreyfus, mais il est allé à la caserne. Un appel aux armes..... Il a fallu le mettre au cabanon. Alfred Dreyfus, voilà encore une de vos victimes. Elles se comptent par centaines, ces victimes. Ce n'est point pour elles que je plaide ; il y en a qui se sont réfugiées dans un silence hautain et altier ; il y en a qui attendent de l'avenir des arrêts plus définitifs que les arrêts provisoires des Cours dites suprêmes ; il y en a qui ont foi malgré tout, comme les Dreyfusards d'hier, dans la marche de la vérité et de la justice. Mais ceux-là constatent que la vérité et la justice se sont arrêtées il y a dix ans au point précis où elles devaient rencontrer le capitaine stagiaire Dreyfus ; que depuis vainement nous les avons appelées, vainement nous leur avons demandé de marcher encore, elles sont restées, elles demeurent au point où était Dreyfus.

Allez-vous à votre tour, Messieurs les Jurés, vous courber devant ces puissants ? Allez-vous dire qu'ils ont tous les droits et que nous n'en avons point, et dans une Affaire où tant d'irrégularités ont été commises, où tant de crimes sont restés impunis, le seul qui sera frappé par la justice vraie, par la justice humaine, que représentent ici Messieurs les Jurés, sera-t-il le seul dont le mobile était noble, dont l'intention était généreuse, dont l'inspiration était élevée ? Les autres ont poursuivi je ne sais quels triomphes, je ne sais quels succès. Il y en a, c'est M. Hervé qui l'écrit, qui ont passé aux guichets de l'étranger ; il y en a qui se sont vendus, il y en a qui se sont loués. Lui, il n'a été l'homme d'aucun parti ; vous ne trouverez de Syndicat ni à droite ni à gauche qui à un moment ait donné quelque argent à Grégori. Il est l'homme de son travail ; même dans les affaire financières où il fut victime, même, non pas dans les plaintes que je ne connais pas, mais dans les procès qui lui furent faits et qu'il gagna, il est le seul qui n'ait poursuivi aucun intérêt, dont vous ne puissiez expliquer l'acte par aucun de ces mobiles bas qui expliquent les actes de ceux qui l'ont précédé et le suivront demain sur les bancs de la Cour d'assises. Vous ne trouverez ni la jalousie, ni un mobile cupide, ni aucun de ces mobiles qui font juger sévèrement les hommes. Il s'est dit : « Il y a là un scandale, il y a dans ce pays des vainqueurs et des vaincus ; il faut que les vaincus protestent, il faut qu'un cri s'élève, qu'une protestation se fasse entendre.» Il a donné à cette protestation et à ce cri la forme que vous savez, la forme du filet de sang inoffensif, et, pour cela, il a été, lui, brisé, meurtri, et il a connu l'amertume plus grande d'être méconnu par ceux qui devaient le soutenir.

Dès le lendemain de l'attentat, il a senti flotter autour de lui je ne sais quelle atmosphère de suspicion.

Je vous livre cet homme qui a fait trois mois de cellule pour un acte qui, au taux ordinaire des peines prononcées par les tribunaux correctionnels, ne serait pas frappé de plus de quelques jours de prison ou de quelques francs d'amende. Je vous livre cet homme en vous disant : Il n'a fait aucun mal, et sa vie tout entière peut être donnée en exemple. Il est né en 1842; l'École Normale supérieure le recevait en 1863, après le plus brillant des concours. En 1866, après Sadowa, et par prescience du choc qui nous attendait à notre tour quatre ans plus tard, il publiait le premier article paru sur les transformations de la guerre, et notamment sur l'application des chemins de fer et de la télégraphie électrique à la guerre moderne, et c'est dans la *Revue des Deux-Mondes* que paraissait cette œuvre magistrale.

En 1870, il appartenait à la seconde légion des mobilisés, et j'ai là ses états de service. Puis, professeur de l'Université, il s'essayait à former des hommes et des soldats. Nous le voyons ensuite reprendre la plume à la *Revue des Deux-Mondes*, et dans combien d'autres publications !

Il vivifie tel journal qui se meurt, il en fonde tel autre dont la destinée a été brillante. Un ancien ministre de la Guerre, M. Berteaux, vous disait à cette audience même quels services Grégori a rendus à l'armée. C'est lui qui a inspiré et conduit la campagne qui a amené l'adoption de l'outil portatif.

Si je pouvais suivre Grégori dans toutes les sphères où s'est exercée son activité féconde, je vous le montrerais faisant jouer à Lille, en 1902, une pièce qui révèle les plus sérieuses qualités dramatiques, *Les Prétendants*, et vous le verriez ensuite, apôtre passionné de la mutualité, compter parmi les membres des *Prévoyants de l'Avenir*.

Aucune existence ne fut mieux et plus noblement remplie.

Est-ce qu'un acte de patriotisme exaspéré, un geste en quelque sorte passionnel et de quelle passion ! suffirait à ternir plus de cinquante ans d'honneur, de devoir et de services ?

Vous comparerez cette vie à d'autres vies, et vous vous demanderez si le passé ne suffirait pas à excuser le présent et si le présent a besoin d'être excusé.

Alfred Dreyfus n'a pas eu ici le geste généreux qu'on pouvait attendre de lui. Il vous a demandé à cinq fois différentes une condamnation. M. Alfred Dreyfus n'a pas réclamé de vous ce que je demande, moi, et ce que je réclame, non pas au nom de la pitié, mais au nom de la justice. La justice veut que vous proclamiez le droit égal pour tous. Le droit n'a jamais été égal pour Grégori, pas même dans la façon où il lui a été permis de se défendre. Le droit n'a jamais été égal pour lui, alors que, traité de menteur par un témoin, il n'avait pas le droit de dire à un autre : « Ce que vous racontez est une invention ». Le droit n'a jamais été égal pour lui, car, lorsqu'un témoin a troublé l'audience, on l'a amené ici au pied de la Cour, et lorsqu'il s'est produit une autre interruption en sens inverse, je n'ai pas vu conduire ici le second interrupteur. Quelle différence et quel contraste ! Il faut que vous arriviez à dire, Messieurs les Jurés, à tous les gens de bonne foi, de liberté, que les actes comme celui-ci se justifient et s'excusent, que ce serait un scandale, une monstruosité, d'enfermer cet homme en prison pour deux ans au moins. En l'acquittant, vous rendrez justice à la fois au sentiment généreux qui l'a fait agir, au seul mobile qui l'a poussé, et vous aurez dit à tous que l'apaisement ne peut se faire qu'au prix de concessions réciproques, mais qu'il y a des concessions qu'il ne faut pas faire, ce sont celles qui touchent à la patrie, au drapeau. Un apaisement ne peut se faire qu'à la condition que les vainqueurs ne veuillent pas nous écraser. Si demain Grégori n'est pas acquitté, d'autres prendront fait et cause pour lui, et c'est la guerre qui se perpétuera à travers le pays.

On vous disait tout à l'heure que le sillon était fermé ; il est mal fermé, cette audience seule en est la preuve. Jetez dans ce sillon des semences d'apaisement, des semences de libération, et, par là, vous servirez mieux les causes que M. l'Avocat général vous appelait tout à l'heure à servir. Par là véritablement, vous serez les hommes de la vérité, de l'équité et vous proclamerez avec votre amour de la vraie justice, votre égal respect du droit de tous.

LE VERDICT

Les applaudissements éclatent aux derniers mots de l'émouvante péroraison de Me Joseph Menard ; et ils sont à peine calmés, ces applaudissements partis malgré les menaces d'évacuation de la salle répétées à maintes reprises par le président, que celui-ci donne lecture au jury des quatre questions qui lui sont posées :

1º Grégori (Louis-Vincent-Anthelme) est-il coupable d'avoir, le 4 juin 1908, commis contre le commandant Alfred Dreyfus une tentative de meurtre, laquelle tentative n'a manqué son effet que par des circonstances indépendantes de la volonté de son auteur ?

2º Ladite tentative de meurtre volontaire a-t-elle été commise avec préméditation ?

Question subsidiaire résultant des débats :

3º Grégori (L.-V.-A.) est-il coupable d'avoir fait des blessures et porté des coups sur la personne de M. le commandant Alfred Dreyfus ?

4º Lesdits coups et blessures ont-ils été faits ou portés avec préméditation ?

Le jury se retire dans sa chambre des délibérations. Il y reste à peine vingt minutes.

Le coup de marteau annonçant sa rentrée si prompte dans la salle d'audiences retentit comme un signe favorable. Le visage des jurés reprenant place sur leurs bancs paraît radieux. Et d'une voix forte et assurée qui porte dans le silence religieux de tous comme l'affirmation puissante de la conscience nationale, le président du Jury, M. Bourguignon, répond : *Non* ! sur toutes les questions.

Ce *Non* ! et la façon dont il est dit à cette heure solennelle sont d'un prodigieux effet. Des applaudissements y répondent.

C'est à peine si la Cour peut prononcer l'acquittement de Grégori, lorsque les gardes le ramènent, toujours maître de lui, toujours d'un calme absolu.

« *Vive le jury* ! *Vive la Nation* ! » s'écrie l'acquitté. Les applaudissements redoublent, l'ovation se déchaîne en tempête à faire crouler la salle. Toutes les mains se tendent vers Grégori comme pour serrer les siennes, ce pendant que des Hou ! hou ! significatifs accompagnent les Juifs et les Blocards qui avaient attendu le verdict.

Les gardes républicains enlèvent presque Grégori pour le soustraire aux acclamations et aux étreintes ; et tandis qu'ils le remmènent pour la levée d'écrou, qu'il s'agit d'aller faire à la prison de la Santé, la manifestation populaire s'étend, de plus en plus vibrante et enthousiaste, au dehors du Palais, franchissant les ponts, et portant par tout Paris, le cri de : Vive Grégori !

Magnifique et réconfortante démonstration qui montre bien que nous ne devons jamais désespérer du pays.

APRÈS L'ACQUITTEMENT

L'acquitté du 11 septembre 1908 adressait le lendemain aux journaux la lettre que voici :

Paris, le 12 septembre 1908.

Monsieur le Directeur et Confrère,

Je viens demander l'hospitalité de vos colonnes pour la déclaration suivante :

« Le Jury de la Seine, en m'acquittant, vient de signifier à la Cour de cassation : « L'Arrêt du 12 juillet 1906 réhabilitant Dreyfus est cassé devant la Nation. »

» L'accusé que j'étais, de son banc, a dit à M. le Président de la Cour d'assises : « Mon procès doit être la Revision de la Revision. »

» Le grand peuple de Paris, toutes classes confondues, en acclamant après l'acquittement l'auteur de l'acte du Panthéon, a crié de sa voix menaçante au Gouvernement de Dreyfus, c'est le nom que portera dans l'histoire le gouvernement actuel : « Le condamné, c'est toi ! . »

» Que les citoyens résolus de toutes conditions ; que les braves gens du Populo, dont l'instinct ne s'est jamais laissé tromper dans l'affaire Dreyfus ; que les vaillantes Françaises qui m'envoyèrent tant et de telles félicitations pour mon geste du 4 juin ;

» Que mes confrères et maîtres de la grande presse indépendante française, et, en tête de tous, mon camarade du lycée Charlemagne, Edouard Drumont, son fidèle collaborateur, Gaston Méry, et Georges Thiébault, qui firent campagne avec tant de talent et d'énergie en ma faveur ;

» Que les promoteurs de la véritable évolution sociale par l'association du travail aux profits du capital, les Biétry, les Lecocq, etc., rompant avec le faux socialisme tenu en lisière par le Dreyfusisme ;

» Que tous et toutes, enfin, reçoivent mon salut reconnaissant et fier !

» Ensemble, nous allons continuer et nous compléterons l'œuvre commencée.

» Que mon éminent défenseur, Me Menard, dont le verbe a transfiguré la fin des débats, que Me Menard reçoive ici mes remerciements de client et d'ami. Sa démonstration magistrale, en portant au sommet des juridictions celle du jury, supérieure à toutes les Cours de cassation et autres, restera dans les fastes oratoires du Palais. »

Veuillez agréer, Monsieur le Directeur, etc.

Louis GRÉGORI.

L. GRÉGORI, imprimeur-éditeur, 14, boulevard Montmartre, Paris.

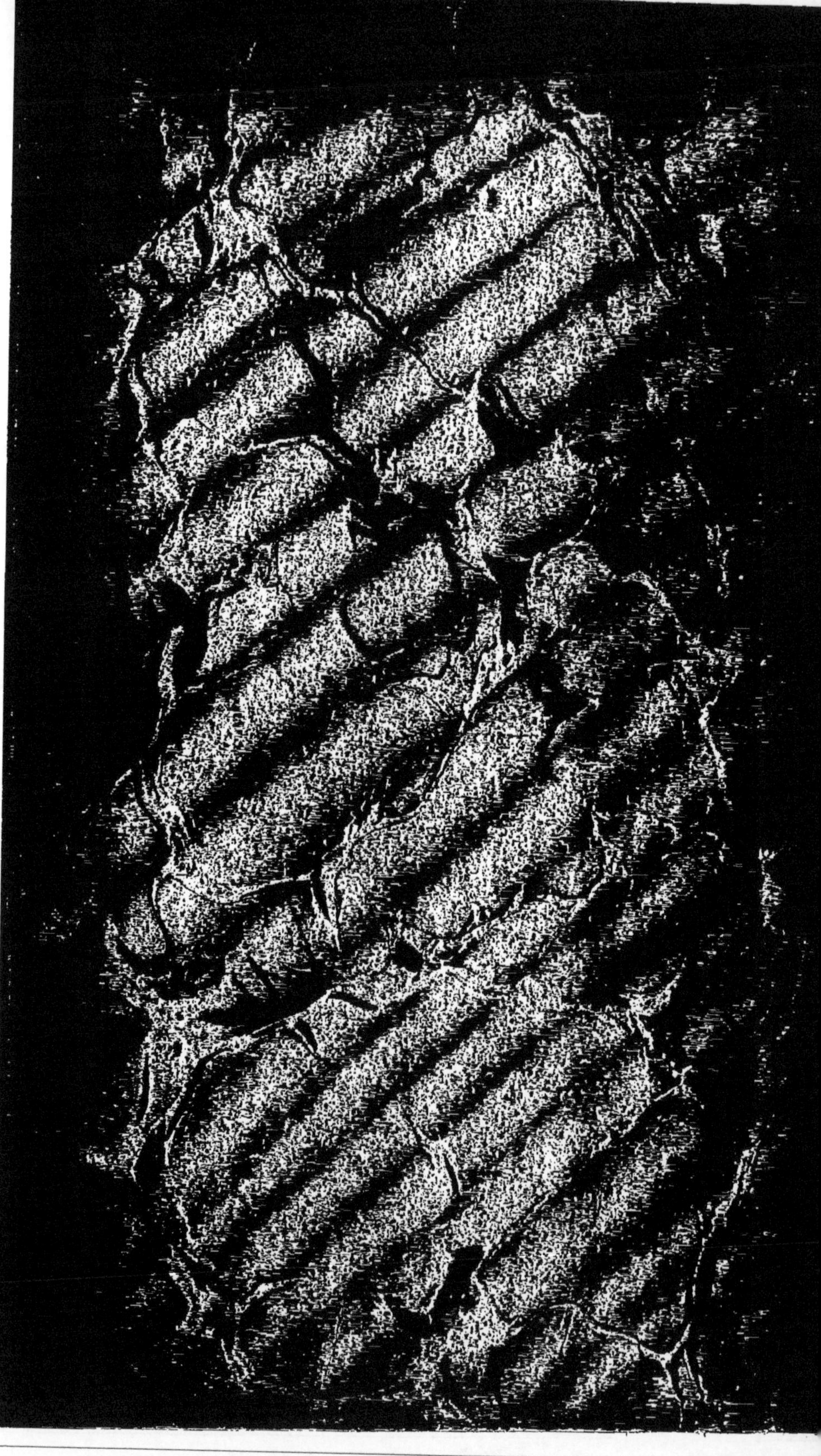